ADAC Reiseführer

W0096494

Mauritius

und Rodrigues

**Strände · Naturschönheiten · Aussichtspunkte
Bootsausflüge · Shopping · Hotels · Restaurants**

Die Top Tipps führen Sie zu den Highlights

von Martina Miethig

☐ Intro

☐ Unterwegs

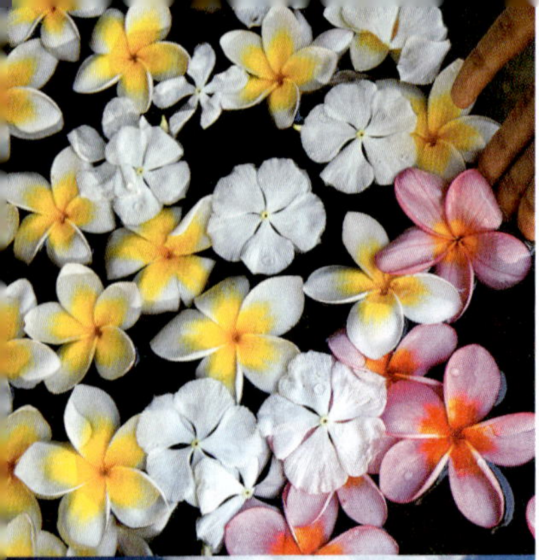

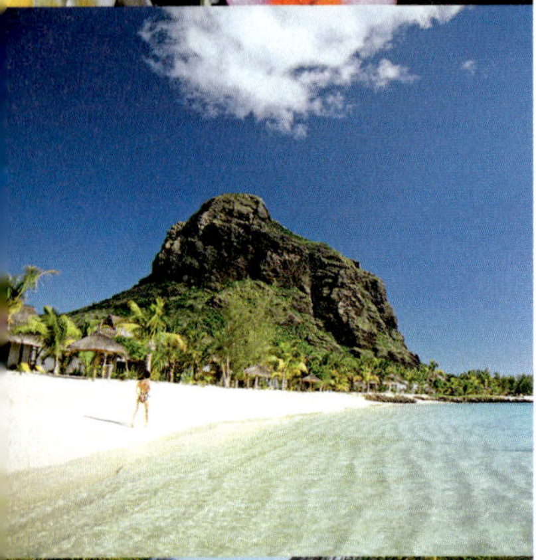

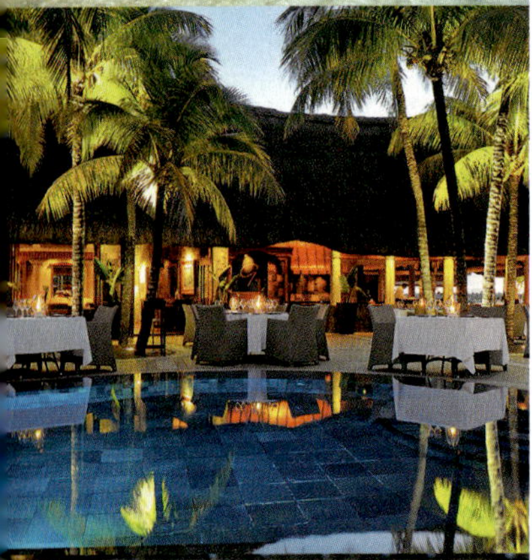

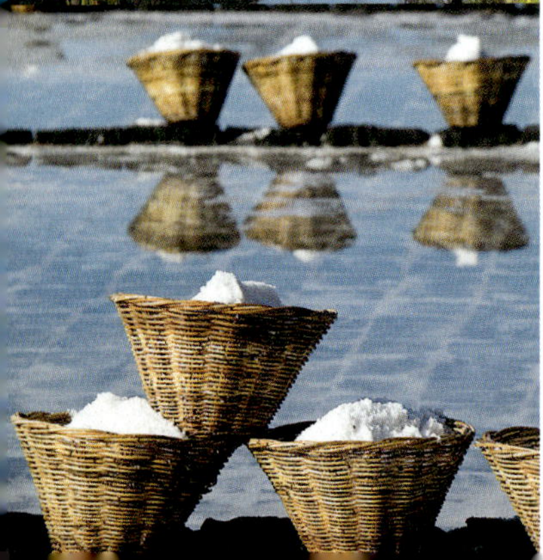

☐ Service

Leserforum

Die Meinung unserer Leserinnen und Leser ist wichtig, daher freuen wir uns von Ihnen zu hören. Wenn Ihnen dieser Reiseführer gefällt, wenn Sie Hinweise zu den Inhalten haben – Ergänzungs- und Verbesserungsvorschläge, Tipps und Korrekturen –, dann kontaktieren Sie uns bitte:

Redaktion ADAC Reiseführer
ADAC Verlag GmbH
Hansastraße 19, 80686 München
Tel. 089/76 76 41 59
reisefuehrer@adac.de
www.adac.de/reisefuehrer

Mauritius Impressionen
Paradies auf Erden

Ein winziger Fleck im Südwesten des Indischen Ozeans, auf der Weltkugel fast nur mit der Lupe wahrnehmbar: ein kleines Eiland – oval, grün und vulkanischen Ursprungs. Ein Ort, von dem alle träumen: Wer nur den Namen Mauritius hört, gerät sofort ins Schwärmen, weiß aber oftmals nicht genau, wo sich die Insel befindet. *Stella Clavisque Maris Indici*, Stern und Schlüssel des Indischen Ozeans, lautet das Motto auf dem mauritischen Wappen – als Anspielung auf die

Es sind vor allem die Berge, die der Insel ein fast verwunschenes Antlitz geben: spitz wie Zipfelmützen, kegelförmig oder turmartig, sanft ansteigend wie Meereswellen oder steil in den Himmel gereckt, ab und zu gekrönt von Felsbrocken, die auf einer Nadelspitze zu balancieren scheinen. Keiner der mauritianischen Gipfel ist sehr hoch, aber allesamt sind majestätisch, erhaben und bizarr. Die grünen Kegel schieben sich aus dem flachen Land in eine Höhe bis maximal 828 m, weitläufige **Zuckerrohrfelder** – wie ein gigantisches Puzzle über die Insel verstreut – umgeben ihre Flanken.

Märchenland im Indischen Ozean

Die vielfältige und interessante Landschaft, die sich dem Betrachter bietet, ließ schon Mark Twain vermuten, ob Gott nicht sogar Mauritius als Vorlage für sein Paradies benutzt habe. Auch Charles Baudelaire und Charles Darwin haben sich von ihrer natürlichen Schönheit und den charmanten Bewohnern verzaubern lassen. Nicht anders ergeht es heutzutage den Reichen, Mächtigen und Schönen aus aller Welt, die die kleine Insel im Indischen Ozean zu einem internationalen Hauptreiseziel des vorwiegend luxuriösen Ferntourismus auserkoren haben.

strategische Bedeutung der Insel für Seefahrer auf dem Weg nach Indien. Mauritius liegt etwa 1800 km vor der Ostküste Afrikas, ist mehr als 1000 km südlich der Seychellen gelegen und rund 850 km von Madagaskar entfernt. Rodrigues, La Réunion und Mauritius gehören zur Inselgruppe der Maskarenen, benannt nach ihrem Entdecker, dem portugiesischen Seefahrer Dom Pedro Mascarenhas.

Oben: *Die Rockzipfel hoch zu ekstatischer Musik – die Sega ist der mitreißende Rhythmus von Mauritius*
Rechts: *Palmen, weißer Sandstrand, blauer Himmel und kristallklares Meerwasser – paradiesische Verhältnisse im Sugar Beach Hotel zu Füßen des Berges Le Morne Brabant*
Rechts oben: *Die Montagne du Rempart im Abendlicht – ihre markanten Bergformen zeugen vom vulkanischen Ursprung der Insel*

Vielleicht liegt der Zauber im **vulkanischen Ursprung** der Insel: Mauritius könnte die Spitze einer gewaltigen Vulkankette zwischen den Seychellen und der nahe gelegenen Insel Réunion sein, vor Jahrmillionen im Indischen Ozean entstanden. So schroff die mauritischen Berge auch aussehen, so zahm sind sie in ihrem Inneren – kein einziger spuckt mehr Lava. Wer im Inselzentrum am Vulkanrand **Trou aux Cerfs** in Curepipe oder auf dem **Piton de la Rivière Noire** steht, lässt seinen Blick fast über die gesamte Insel schweifen: Er sieht ein Meer aus Grün – ideal zum Wandern – vor dem azurblauen Ozean. Was für ein Potenzial für eine Insel, die bisher ›nur‹ als erstklas-

siges Bade-, Golf- und Taucherziel gilt. Das **Korallenriff** birgt maritime Überraschungen, es schützt nahezu die ganze Insel wie ein kreisrunder Wall vor den Gewalten des Meeres und hat mit seinem bunt schillernden Fischreichtum Mauritius Ruhm bei Tauchern und Sportfischern eingebracht. Die Gewässer weiter draußen zählen zur Weltspitze der Hochseefischerei, **Grande Rivière Noire** an der Westküste ist steter Treffpunkt der Angel-Enthusiasten. In tausend Schattierungen schimmert der Ozean: indigo bis aquamarin, smaragdgrün bis türkis. Die stets angenehm temperierte Lagune hinter dem Riff endet an feinsandigen, alabasterweißen Stränden – **Trou aux**

Biches, Grand Baie, Belle Mare Plage, Île aux Cerfs, um nur einige dieser Plätze mit wunderbarem Inselflair zu nennen. Segeljachten und Katamarane ankern in sichelförmigen Buchten, etwa der bezaubernden **Baie du Tombeau** im Norden, historische Schoner und traditionelle Pirogues hissen ihre Segel und nehmen die Urlauber mit auf einen Törn entlang der 177 km langen Küste.

Nur im **Süden** prallt der Indische Ozean mit aller Macht gegen die zerklüftete Küste, was auch seinen Reiz hat. Hier an den steilwandigen Klippen, bei **Le Souffleur** oder dem Kap **Le Gris Gris**, im Angesicht der Meeresbrecher, kann der Reisende sich in die Seeleute hineinversetzen, die vor vier Jahrhunderten an der

menschenleeren Küste vor den Zyklonen Schutz suchten. Dann werden vielleicht auch Geschichten von Piraten wieder lebendig, die sich nach Mauritius zurückzogen und hier wohl ihre Schatztruhen vergruben, und von den ersten Siedlern aus Holland und Frankreich, die noch ge- gen Malaria, Pest, Cholera, Feuersbrünste und Sümpfe ankämpften. Bei diesem Überlebenskampf fern der Zivilisation wurde viel von der ursprünglichen Flora und Fauna zerstört, allem voran die kostbaren Edelholzwälder. Fluch *und* Segen brachte eine Hinterlassenschaft der Holländer: der **Zucker**. Noch heute ist Mauritius fast zur Hälfte von Zuckerrohrplantagen bedeckt – die reinste Monokultur, dafür ist die Pflanze widerstandsfähig gegen Stürme und Klima, zudem wichtiges Exportgut und Devisenbringer.

Seinen größten Ruhm – dem Namen nach – verdankt der Inselstaat einem zerstreuten Graveur: Die Schlafmütze hatte 1847 zwei Worte auf der Druckplatte für Briefmarken verwechselt und damit unbeabsichtigt Fehldrucke von unschätzbarem Wert geschaffen – seitdem spielt die Welt der Philatelie verrückt. Nur noch für Millionen-Dollar-Summen wechseln die **Blaue Mauritius** und ihre orangerote Schwester ihre anonymen Besitzer.

Spektakuläre Vogelwelt

Weltweit einzigartig ist der prächtige **Mauritius-Falke** – eine gefiederte Diva in der Vogelwelt. Was für ein Erlebnis, wenn dieser einst vom Aussterben bedrohte Greifvogel heute im **Black River Gorges**

National Park im Südwesten oder im **Kestrel Valley** an der Ostküste heranschwebt und dem Parkführer den Köder aus der Hand schnappt! Dann fängt auch der Fremde an zu verstehen, wieso Tierschützer jahrelang in den Felsnischen auf Mauritius herumkraxelten, auf der Suche nach den letzten vier Vögeln weltweit. Ein anderer Vogel hatte nicht solch ein Glück und keinen schützenden Verbündeten – und wurde trotzdem zu einer Berühmtheit: der truthahnähnliche, flugunfähige **Dodo**. Einst watschelte der Vogel behäbig über die Insel, heutzutage ist er nur noch im Staatswappen zu sehen oder als Holzspielzeug, ausgestopft im Museum, auf T-Shirts oder Briefmarken. Die Holländer hatten erst über diesen hässlichen Vogel gelacht, um 1690 wurde er von ihnen endgültig ausgerottet.

Damals waren andere Errungenschaften wichtig: die erste Pferderennbahn ›auf der südlichen Halbkugel‹ und das erste Theater im Hauptort **Port Louis** sowie der erste botanische Garten in **Pamplemousses**. Und trotz weltweiter Finanzkrise und fallender Zuckerpreise bleibt die Insel eines der politisch und

Links oben: *Herzlich Willkommen – in der Domaine Les Pailles, nahe der Hauptstadt Port Louis, lässt es sich in edlem Ambiente besonders gut speisen*
Links Mitte: *Eingetaucht ins glasklare Wasser – Mauritius ist ein Paradies für Schnorchler*
Links unten: *Waghalsiger Sprung vom Schiff Isla Mauritia ins kühlende Nass des tiefblauen Indischen Ozeans*
Rechts: *Anstrengende Handarbeit – Salzgewinnung in einer der Salinen von Tamarin*

künsten, Kleidern und Musikrichtungen Afrikas, Asiens und Europas. Die Hindus und Chinesen haben Shiva und Konfuzius mitgebracht, die Schwarzen ihren lebensfrohen Tanz namens Sega und die Europäer das Schul- und Rechtssystem, die Amtssprache und die Landvermessungsgeräte. Viel geändert hat sich nicht: Während die meisten Politiker und Landesoberhäupter aus der herrschenden Schicht der Inder stammen und die Chinesen die lukrativsten Geschäfte machen, gehören die Ländereien und Besitztümer immer noch den Frankomauritianern, auf deren Zuckerrohrfeldern überwiegend Kreolen arbeiten.

wirtschaftlich stabilsten, das – nach den Seychellen – zweitreichste und dynamischste Land Afrikas, mit einer niedrigen Anzahl von Analphabeten und Wachstumsraten wie man sie sonst nur aus Asien kennt. Es gibt weder Diktatoren noch Probleme mit Arbeitslosigkeit oder Ureinwohnern. Außerdem drohen hier keine Bettenburgen, kein Massentourismus und auch kein Fremdenhass.

Insel mit vielen Gesichtern

All dies lässt die kosmopolitischen Insulaner gelassen ihren Alltag auf ihrer kleinen Tropeninsel leben, ohne große politische Höhepunkte und Auseinandersetzungen. Die 1,3 Mio. Einwohner blicken auf eine rund 400-jährige Geschichte zurück, sie gingen aus Kolonisatoren (um 1600) und Sklaven (17./18. Jh.), aus Piraten (18. Jh.) und Kulis (19. Jh.) hervor. So bietet sich den Besuchern heute ein **Schmelztiegel der Kulturen** mit vielen Gesichtern, ein Kaleidoskop aus Koch-

Die Vielfalt der Sprachen

So unterschiedlich die Herkunft der Inselbewohner, so verschieden sind auch die gesprochenen Sprachen auf Mauritius. Amtssprache ist Englisch – gehört das Eiland politisch doch zum British Commonwealth of Nations. Von wenigen, meist der Oberschicht angehörenden Mauritianern wird die französische Sprache favorisiert, von der sich *Morisyen* ableitet, eine Kreolsprache, die ein Großteil der Bevölkerung überwiegend im Alltag spricht. Darüber hinaus hört man vielerorts indische und chinesische Dialekte, auf der Nachbarinsel Rodrigues wiederum spricht man *Rodriguais*, einen kreolisch-französischen Dialekt.

Im Himmel auf Erden

Dem Lockruf der legendären **Weltklassehotels** auf Mauritius folgen jährlich fast eine Million Urlauber. Die Architektur vieler Nobelherbergen ist phänomenal,

Materialien und Dekor nur vom Edelsten. Märchenhafte Sanssoucis in Harmonie mit der Natur und kleinen optischen Tricks: Viele Infinity-Pools scheinen direkt in den Indischen Ozean zu schwappen.

Die Häuser bieten obendrein fantastische Möglichkeiten zur sportlichen Betätigung, zum Wandern, Klettern, Golfen, Reiten und zu jeder nur denkbaren Art des Wassersports. Nicht zu vergessen: die kulinarischenHöchstgenüsse à la mauricienne – Currys, Wildschwein, Meeresfrüchte, Kreationen namhafter Küchenchefs – und der konkurrenzlose Service der Angestellten, die bis zu fünf Sprachen beherrschen und Butlern, die ihren Gästen jeden Wunsch von den Augen ablesen. Kurz: der Himmel auf Erden, jenseits von Afrika, das ist Mauritius.

Kreolisches Aschenputtel

Die gut 600 km entfernte Schwesterinsel **Rodrigues** repräsentiert wiederum das afrikanische Mauritius, nirgendwo sonst sind die Wurzeln der Kreolen besser zu erkennen. Das Mini-Eiland inmitten seiner türkis schimmernden Lagune ist das gemütliche Pendant zur aufstrebenden Mutterinsel Mauritius mit ihrer Hauptstadt Port Louis, wo bereits mehrere Hochhäuser mit den Bergen konkurrieren. Auf Rodrigues gibt es dagegen mehr Schafe als Mofas, mehr Tintenfischcurry als aberwitzig teuren Hummer, mehr Mountainbikes als Whirlpools. Weit und breit ist kein Hochhaus zu sehen, kein Butler, kein Zuckerrohr. Wahrlich ein Aschenputtel, das hoffentlich nie versuchen wird, der großen Schwester mit ihrem luxuriösen Ambiente nachzueifern.

Links oben: *Munterer Fischschwarm – Blaustreifen- und Buckelschnapper in der Unterwasserwelt von Mauritius*
Links unten: *Logis für Trauminsel-Gäste – hochklassig ist die Strandhotelkultur auf Mauritius*
Oben: *Abendliche Farbensymphonie – das feurige Orange des Himmelfirmaments spiegelt sich im Wasser eines Pools wider*
Unten: *Buntes Blumenmeer – rosa und gelbweiße Frangipaniblüten bereichern in mauritianischen Luxushotels das Badewasser*

Geschichte, Kunst, Kultur im Überblick

Seefahrer, Sklaven, Korsaren und Zuckerbarone – Vom Piratennest zum Urlaubs- und Einkaufsparadies

1000 v.Chr. Historiker vermuten, dass die Phönizier auf ihrem Seeweg um Afrika herum als Erste die kleine Insel im Indischen Ozean entdeckt haben. Aber auch die seefahrenden Polynesier, Indonesier und Malaien könnten als Entdecker von Mauritius gelten, da sie bei ihrer Besiedlung von Madagaskar vor rund 2000 Jahren auch auf diese Insel gestoßen sein müssen.

10. Jh. Die Araber segeln mit ihren Handelsschiffen an der Ostküste Afrikas entlang. Der Handelsreisende Hassan Ibn Ali erwähnt im Jahr 975 in seinen Schriften über die Inseln des Indischen Ozeans Mauritius unter dem Namen ›Diva Mashriq‹ (östliche Insel).

ab 1502 Mauritius taucht erstmals auf einer portugiesischen Seekarte als ›Dina Arobi‹ auf. Sie wird in der Folge mehrfach von portugiesischen Seefahrern besucht: neben Domingo Fernandez, der hier als erster Europäer landet, um 1510 auch von Dom Pedro Mascarenhas, auf den die Bezeichnung ›Islas Mascarenhas‹ (Maskarenen) für die Inselgruppe Réunion, Mauritius und Rodrigues zurückgeht. 1528 entdeckt Diego Rodrigues die nach ihm benannte Insel. – Wie schon zuvor den Arabern erscheint auch den Portugiesen das unbewohnte, reich bewaldete Mauritius nicht lohnend zur Besiedlung. Sie nutzen die Insel lediglich als Stützpunkt auf ihrem Seeweg nach Indien, auf der Suche nach Gewürzen, Seidenstoffen und Edelsteinen. Mit den von ihnen für spätere Proviantauffrischung ausgesetzten Tieren (Rinder, Schweine und Ziegen) greifen bereits die Portugiesen erheblich in die Fauna und Flora der Insel ein.

1598 Unter Wybrandt van Warwijck nehmen die Holländer Mauritius in Besitz und benennen die Insel nach dem holländischen Prinzen Moritz (im Niederländischen: Maurits) von Oranien und Herzog von Nassau.

1615 Der holländische Admiral Pieter Both ertrinkt vor Mauritius, einer der bizarrsten Inselberge wird bald darauf nach ihm benannt.

ab 1638 Eine erste dauerhafte holländische Siedlung wird in der Nähe von Mahébourg an der Ostküste gegründet: Port Zuydoosterhaven, der heutige Vieux Grand Port. Etwa zur gleichen Zeit besetzen die Franzosen die Nachbarinsel Réunion, die sie Île Bourbon nennen, sowie die 560 km östlich gelegene Insel Rodrigues und bauen sie zu Stützpunkten aus. Die holländischen Kolonisten beginnen auf Mauritius in großem Stil mit der Rodung der Ebenholzwälder. Sklaven aus Madagaskar und indonesische Sträflinge aus Batavia (holländische Kolonie; heute Java) werden nach Mauritius geschafft, doch die Versuche, Planta-

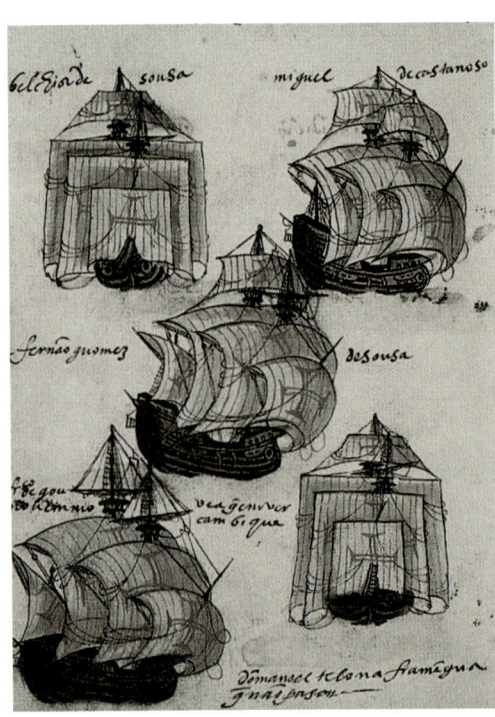

Dom Pedro Mascarenhas' Flotte auf dem Weg nach Ostindien. Buchmalerei von 1565, Pierpont Morgan Library, New York

Gouverneur Mahé de Labourdonnais (1699–1753) – Statue des Nationalhelden am Hafen von Port Louis

gen für Zuckerrohr, Tee und Tabak anzulegen, scheitern. Die Arbeitsmoral fern der Heimat ist gering, zudem suchen Piraten die Insel immer wieder heim. Auch die Geschäfte mit dem wertvollen Ebenholz verlaufen nicht wie erwartet – die Holländer hatten den Markt damit überschwemmt und dadurch einen Preisverfall verursacht.

1691–93 Eine Hand voll Hugenotten aus Frankreich versucht die kleine Insel Rodrigues zu besiedeln, doch das Unternehmen misslingt.

1710 Die Holländer geben Mauritius auf. Sie zerstören alle Gebäude und Forts, nur die Sklaven bleiben zurück. Piraten nutzen das Eiland in der Folge als strategisch wichtigen Zufluchtsort für ihre Raubzüge gegen die schwer beladenen Handelsschiffe auf ihrem Weg von Asien nach Europa. Die Ebenholzwälder sind durch den Raubbau der Holländer in großen Teilen zerstört, ebenso die einheimische Tierwelt, z.B. die Riesenschildkröten und der Dodo, dem letztlich die von den Kolonisten eingeführten Tiere zum Verhängnis werden.

ab 1715 Da der Handel mit Ostindien von den Piraten stark beeinträchtigt wird, besetzen die Franzosen unter Guillaume Dufresne d'Arsel Mauritius und nennen sie Île de France. Die Insel steht unter der Kontrolle des wichtigsten französischen Stützpunkts im Indischen Ozean, der Île de Bourbon. Mit Sklaven aus Afrika bauen französische Siedler der Compagnie des Indes auf der Île de France ab 1722 die Plantagenwirtschaft und Zuckerraffinerien (ab 1743) auf, Kaf-

fee wird ebenfalls angepflanzt. Aus der holländischen Siedlung Noord-Wester Haven an der Nordwestküste wird der Hauptort Port Louis, benannt nach dem französischen König. Doch die Lebensbedingungen der knapp 1000 Siedler auf der Île de France zu Beginn des 18. Jh. sind alles andere als paradiesisch: Wirbelstürme vernichten regelmäßig die Ernten und immer wieder gibt es Sklavenaufstände.

1735–45 Einige dieser Zustände verbesserte erst der Franzose Bertrand François Mahé de Labourdonnais, der am 5. Juni 1735 auf die Insel kommt. Er findet eine kleine Siedlung mit kaum hundert Hütten für 838 Menschen vor, umgeben von dichtem Wald und Sümpfen. Der Franzose hatte sich zuvor als Leutnant und Kapitän der Compagnie des Indes einen Namen gemacht. Nun sorgt er als deren Gouverneur mit Tatendrang und Durchsetzungsvermögen für den wirtschaftlichen Erfolg auf der Île de France und damit erstmals auch für gesicherte Wasser- und Lebensmittelversorgung. Die von ihm 1741 aus Brasilien mitgebrachte Kulturpflanze Maniok gedeiht bestens in dem subtropischen Klima und er-

nährt mit ihrem Stärkemehl die Inselbewohner. Der Gouverneur lässt Straßen, Brücken, Hospitäler und überdies in Port Louis Hafenanlagen samt einer zugehörigen Werft bauen. Die Île de France löst schließlich die Île Bourbon als französische Dependance im Indischen Ozean ab, die Verwaltung wird nach Port Louis verlegt. Die französische Handelsniederlassung wird somit zunehmend attraktiver für Kolonisten und Geschäftsleute und wächst beständig, die Insel entwickelt sich zu einer blühenden, durch den Zuckerrohranbau einträglichen Kolonie.

1746–53 Labourdonnais gilt als erster Nationalheld von Mauritius, da er die Grundlagen zur Entstehung eines unabhängigen Inselstaates legt. In seiner Amtszeit werden der Regierungspalast in Port Louis und die Residenz in Pamplemousses (›Mon Plaisir‹) errichtet, seine Statue steht am Hafen von Port Louis und die Stadt Mahébourg sowie Mahé, die Hauptinsel der Seychellen, sind nach ihm benannt. Seine Herrschaft endet 1746. Der einst strahlende Held wird in der Pariser Bastille inhaftiert, da er Bestechungsgelder angenommen haben soll, wird aber rehabilitiert und stirbt verarmt 1753.

1744 Das Schiffsunglück der ›Saint Géran‹, die vor der Nordostküste von Mauritius sinkt, inspiriert den französischen Dichter Jacques Henri Bernardin de St.Pierre Jahrzehnte später zu seiner Romanze ›Paul und Virginie‹ [s.S.74]. Die 1788 erschienene und in 30 Sprachen übersetzte Liebesgeschichte ist jedem mauritischen Kind bekannt.

1756–83 Im Kampf zwischen Frankreich und England um die Kolonien während des Siebenjährigen Krieges (1756–63) spielt Port Louis als Flottenstützpunkt der Franzosen eine entscheidende Rolle. Die Hafenstadt entwickelt sich zu jenem ›Nest der Korsaren‹, von dem aus mutige Kaperkapitäne auf schnellen Schiffen – allen voran der berühmte Robert Surcouf – Fahrten gegen die britischen Handelsschiffe mit ihren Schätzen aus dem Fernen Osten unternehmen [s.S.50]. Während des Unabhängigkeitskrieges gegen ihr Mutterland England (1776–83) sind die amerikanischen (britischen) Kolonisten mit Frankreich verbündet. Sie sind am Handel mit den geraubten Gütern aus Asien stark interessiert und entsenden einen Konsul auf die Île de France. Die Geschäfte mit Reis, Tropenhölzern, Gewürzen und Sklaven im Hafen von Port Louis boomen. Die Reichen leisten sich ein ausschweifendes Leben mit Glücksspiel, Festen und Jagden.

1796 Auf der Île de France kommt es zu einem Aufstand gegen die Zentralregierung in Paris: Die Sklaverei soll im Zuge der Französischen Revolution (1789) auch auf der Insel abgeschafft werden, was aber nicht befolgt wird. Sieben Jahre lang befindet sich die Kolonie im Streit mit Paris, bis Napoleon 1803 eine militärische Delegation unter General Charles Decaen auf

Der Schrecken der Engländer – Korsar Robert Surcouf (1773–1827)

die Insel schickt. Dieser macht aus Port Louis den Port Napoléon und führt auf der Île de France den Code Napoléon als Gesetz ein. Sklavenhandel wird den Mauritiern weiterhin gestattet.

1806–14 Im Rahmen des Kampfes zwischen Franzosen und Briten um die Kontrolle im Indischen Ozean verhängen die Briten eine Blockade gegen die Île de France; ab 1806 gelangt kein Schiff mehr nach Port Napoléon. Die englische Marine besetzt im Jahr 1809 die Insel Rodrigues und errichtet dort einen militärischen Stützpunkt. Im August 1810 kommt es zur Seeschlacht vor Vieux Grand Port, die die Franzosen gewinnen. Doch nur wenige Monate später erobern die Engländer die Île de France und Gouverneur Decaen muss endgültig kapitulieren. 1814 wird den Briten die nun wieder Mauritius genannte Insel offiziell übereignet. Während die Verwaltung nach britischem Vorbild ausgerichtet wird, bleiben die französischen Traditionen, Gesetze, die Sprache und Ortsnamen bis heute weitgehend erhalten.

1832–35 Zuckerrohr wird von den britischen Gouverneuren verstärkt als Monokultur gefördert, da die Pflanze als Einzige den häufigen Tropenstürmen und Zyklonen standhält [s.S.60]. Landwirtschaftliche Erzeugnisse wie Kaffee und Baumwolle werden mangels Erträgen wieder aufgegeben. Die Zuckerbarone gehören zur neuen herrschenden Schicht auf Mauritius, die sich 1832 mit einem Generalstreik gegen die liberalen britischen Ideen der Sklavenbefreiung wendet. Die endgültige Abschaffung der Sklaverei im Jahr 1835 wird nur akzeptiert gegen eine hohe finanzielle Entschädigung – an die Plantagenbesitzer! Als billige Arbeitskräfte werden Tamilen aus Südindien ins Land geholt, woraufhin die Zuckerwirtschaft aufblüht. Insgesamt kommen bis 1909 rund 450 000 indische Vertragsarbeiter auf die Insel.

1847 Ein Versehen führt zum Fehldruck eines Briefmarkensatzes, heute werden für die Blaue oder Rote Mauritius Millionen Dollar gezahlt.

ab 1850 Mauritius profitiert vom weltweiten Zuckerboom, in dessen Folge 1865 eine Bahnlinie quer über die Insel gebaut wird (1964 stillgelegt). Nach Öffnung des Suezkanals 1869 verliert Mauritius allmählich seine Bedeutung als Handelsposten im Indischen Ozean. Die Zuckerindustrie kann sich nicht mehr gegen die Konkurrenz aus Kuba und den Rübenzucker aus England behaupten. Auch eingeschleppte Krankheiten und Rebellionen der indischen Arbeiter machen der Wirtschaft in der zweiten Hälfte des 19. Jh. zu schaffen. Hinzu kommen Malariaepidemien, Wirbelstürme, Flutkatastrophen und Feuersbrünste in Port Louis.

1885 Den Mauritiern ist es gestattet nach einer Verfas-

Kapitulation – 1810 muss Gouverneur Charles Decaen die Île de France endgültig den Briten übergeben

sungsreform ein Parlament unter britischer Verwaltung zu wählen.

1901 Mahatma Gandhi besucht Mauritius, wo Inder inzwischen die Bevölkerungsmehrheit bilden.

Anfang 20. Jh. Malariaepidemien zwingen viele Mauritier zum Umzug von der Küste ins Hochland, wo Städte wie Curepipe entstehen. – In den 1920er-Jahren profitiert die Insel erneut von einem Zuckerboom. – 1936 wird die Arbeiterpartei, Parti Travailliste (PT), gegründet, die Streikaktionen für die unterbezahlten indisch-mauritischen Arbeiter organisiert.

1942 Im Zweiten Weltkrieg nutzen die Briten Mauritius als Militärstützpunkt und bauen den Flughafen im südöstlichen Plaisance.

1958 Einführung des allgemeinen Wahlrechts. Unter der Führung des Hindus Sir Seewoosagur Ramgoolam kämpft die neu formierte Parti Travailliste (PT) für die Unabhängigkeit des Landes. Im Zuge der Loslösung von der britischen Kolonialmacht kommt es zu ethnischen Unruhen, vorwiegend zwischen den Kreolen und Moslems. Es sterben ca. 100 Menschen.

1968 Am 12. März wird Mauritius zum unabhängigen Staat innerhalb des Commonwealth of Nations erklärt. Seewoosagur Ramgoolam wird erster Premierminister.

1971 Durch Einrichtung einer Freihandelszone werden ausländische Investoren ins Land geholt und die Wirtschaft wird angekurbelt. Die Landung der Air France markiert den Beginn des (vorwiegend französischen) Tourismus auf Mauritius, der

bald Zehntausenden Mauritiern Arbeitsplätze bietet.

1982 Sir Anerood Jugnauth vom 1968 gegründeten Mouvement Militant Mauricien (MMM) wird neuer Premierminister. Kurz darauf etabliert er eine neue Partei, das Mouvement Socialiste Mauricien (MSM).

12. März 1992 Die Republik Mauritius wird ausgerufen. Cassam Uteem wird zum Staatspräsidenten gewählt.

1997 Wechselnde Koalitionen münden in der Regierung von Parti Travailliste (PT) und Organisation du Peuple de Rodrigues (OPR) mit Staatspräsident Cassam Uteem und Premierminister Navinchandra Ramgoolam, Sohn des Gründervaters Seewoosagur Ramgoolam.

Februar 1999 Der Tod des kreolischen Popstars Kaya nach seiner Festnahme wegen Drogenkonsums löst Rassenunruhen aus, bei denen zehn Menschen sterben. Die sozialen Konflikte zwischen verarmten Kreo-

len und regierenden Hindus werden deutlich.

2003 Anerood Jugnauth wird Staatspräsident, Paul Raymond Bérenger dessen Nachfolger als Regierungschef.

2005 Neuwahlen führen zum Regierungswechsel. Navinchandra Ramgoolam wird zum neuen Premierminister ernannt.

2006 Die UNESCO erkennt das Immigranten-Lager Aapravasi Ghat in Port Louis als Weltkulturerbe an.

2007 Die Kürzung der Preisgarantien bei Zuckerimporten in die EU ab 2006 führt zu einer Wirtschaftskrise, die Inflation steigt.

2008 Die UNESCO erklärt den Le Morne Brabant in Port Louis zum Weltkulturerbe. – Mauritius führt die Sommerzeit ein.

2010 Premierminister Navinchandra Ramgoolam wird wiedergewählt.

2012 Der Ausbau des Hafens in Port Louis dauert an und soll bis Ende 2015 abgeschlossen werden.

Unterwegs

*Die Luxushotels der Insel sind legendär –
hier Le Preskîl Beach Resort in Mahébourg*

Port Louis und Umgebung–
die multikulturelle Inselmetropole

Bewacht von der Moka-Bergkette mit ihren kuriosen Gipfeln im Nordwesten der Insel, schlägt in Port Louis, in der rund 170 000 Mauritier leben, das multikulturelle Herz der Insel. Manch einer hier sagt ganz französisch ›Por Lui‹, andere halten sich an die englische Aussprache, schließlich gehört man ja zum Commonwealth of Nations.

Die Hauptstadt ist wirtschaftliches und kulturelles Zentrum zugleich: hier wurde der zentrale Containerhafen errichtet, zahlreiche moderne Hochhäuser sind zwischen zierlichen chinesischen **Pagoden** und **Hindu-Tempeln** in allen Tuschkastenfarben angesiedelt. Zudem ragt in Port Louis die älteste **Kathedrale** der Insel auf und strahlend weiße **Moschee-Minarette** verströmen orientalisches Flair. Die Briten brachten Port Louis Anfang des 19. Jh. eine Pferderennbahn, immer wieder lassen sich vereinzelte ehrwürdige **Kolonialgebäude** mit kreolisch verzierten Dächern oder kunstvollen schmiedeeisernen Balkonen in den Straßen und kleinen Gassen von Port Louis entdecken.

Wer sich vom geschäftigen Treiben der Großstadt erholen möchte, kommt zum Luftholen ist das Shopping- und Vergnügungscenter **Le Caudan Waterfront** an der gleichnamigen Strandpromenade in der Nähe des Hafens: Hier entspannen sich tagsüber Geschäftsleute in der Mittagspause, Jugendliche und Familien mit Kindern sowie Touristen auf Schnäppchenjagd. Und auch Abends sind hier dem Amüsement mit zahlreichen Restaurants, Kinos und einem Spielkasino kaum Grenzen gesetzt.

1 Port Louis

Tagsüber brodelndes Treiben, nachts ›hochgeklappte‹ Bürgersteige.

Die Hauptstadt von Mauritius liegt an der Westküste der Insel zwischen den Moka-Bergen und dem Indischen Ozean. Sie ist administratives und kommerzielles Zentrum des Landes mit Regierungssitz, Banken, Geschäften, Museen und Theater.

Vom Hüttendorf zur Hafenstadt

Die **Holländer** ließen sich im 17. Jh. als Erste in der geschützten Bucht nieder und nannten ihre Siedlung Noord-Wester Haven. Der Naturhafen war sicher und einfach zu erreichen, die Segler mussten nur auf diesen merkwürdig, mit einem runden Felsbrocken auf dem Gipfel sit-

Strahlend weiße Skyline: Port Louis am Fuße der Moka-Berge und dem Indischen Ozean

zenden **Pieter Both** Berg [s.S. 20] zusteu-ern, um sicher auf der Insel zu landen. Zudem waren die Windjammer hier im Nordwesten der Insel durch die Berge vor den Südostwinden geschützt. Nachdem die Holländer 1710 Mauritius als Stütz-punkt aufgegeben hatten, nutzten Pira-ten die Insel als strategischen Rückzugs-ort. 1735, mit Ankunft des neuen französi-schen Gouverneurs **Graf Bertrand Fran-çois Mahé de Labourdonnais**, ging es aufwärts mit der kleinen Kolonie. Er war es, der den Hafen ausbauen und eine Werft errichten, Straßen anlegen und den Regierungspalast bauen ließ. Für seine Verdienste setzten ihm die Mauritier ein Denkmal (1859) am alten Exerzierplatz gegenüber vom Hafen, wo er noch heute auf die Spaziergänger herabschaut. 1770 wurde Port Louis zum **Freihafen** ernannt und zog bald Seefahrer, Freibeuter und Händler aus aller Welt an.

Unter dem französischen Gouverneur Charles Decaen (1769–1832) wurde die prosperierende Stadt kurzzeitig in Port Napoléon umbenannt, was die **Englän-der** nach ihrer Eroberung der Insel 1810 wieder rückgängig machten. Während sich die reichen, vorwiegend weißen Städter und Zuckerbarone in den folgen-den Jahrzehnten bei gesellschaftlichen Anlässen, auf der Pferderennbahn und auf rauschenden Bällen verlustierten, schufteten Zehntausende von Sklaven auf den Zuckerrohrfeldern. Doch auch die reicheren Bewohner von Port Louis blieben von Katastrophen nicht ver-schont, etwa das verheerende Feuer im Jahr 1816, das einen Großteil der Stadt bis auf die Grundmauern zerstörte. In den Jahren 1866/67 forderte eine Malariaepi-demie Zehntausende von Opfern und trieb die wohlhabende Bevölkerung in die kühleren Bergregionen, wo sie Cur-epipe gründeten, Port Louis blieb weiter-hin administratives Zentrum der Insel. Viele **chinesische Händler**, Nachfahren von Kulis, verließen nicht ihr Heim, heute bewohnen sie ein kleines chine-sisch geprägtes Viertel im Osten der Stadt. Weitere Brände in den Jahren 1892/93 zerstörten große Teile des histo-rischen Baubestands, dennoch gibt es in Port Louis einige, z. T. restaurierte Koloni-albauten zu finden. Im 20. Jh. setzte die städtebauliche Planung auf funktionale Zweckbauten und ein gut ausgebautes Schnellstraßennetz, mit dem in den 1990-er Jahren einsetzenden Bauboom kamen zahlreiche Hochhäuser hinzu wie z.B. das mit 98 m höchste Gebäude der Stadt, der *Bank of Mauritius Tower*, die heute die Silhouette der Stadt prägen.

Über den Dächern der Stadt

Den besten Panoramablick über die Hauptstadt verschafft ein kleiner Auf-stieg oder eine kurze Autofahrt über die Rue Jules Koenig und Av. Suffren zum **Fort Adelaide** **1** (La Citadelle), das inmit-

Fernöstliche Baukunst vor hochaufragender Gebirgskulisse: die Thien Thane Pagode

ten der Stadt auf einem Hügel thront. Die kleine Festung, benannt nach der britischen Königin, ließ der britische Gouverneur Sir William Nicolay 1834–40 erbauen, um eventuelle Angriffe der Franzosen abzuwehren. Zudem diente die Zitadelle zur Abschreckung aufständischer Bürger, die sich gegen die Abschaffung der Sklaverei im Jahr 1835 aussprachen. Später kam eine rein friedliche Funktion hinzu: brach in einem der vorwiegend aus Holz errichteten Gebäude der Stadt Feuer aus, wurde zur Warnung ein Kanonenschuss abgefeuert. Der *Innenhof* des wuchtigen Baus ist nicht nur ein beliebter Treffpunkt für Jugendliche, sondern auch Freiluftkonzerte von Rock bis Seggae, einer populären Mischung aus dem Volkstanz Sega und dem jamaikanischen Reggae [s. S. 112], werden hier veranstaltet.

Vom Fort aus gesehen liegt dem Betrachter die gesamte Stadt zu Füßen: vorne am Meer das Hochhaus der *Mauritius Commercial Bank (MCB)* und der schlichte, mit silberfarbenen Metallplatten und Glas gestaltete Turm der *Mauritius Tele- kom*. Nicht weit entfernt erhebt sich wie ein angespitzter Riesenbleistift die *State Bank* mit imposanter bräunlich roter Mar- morfront und keck gestelztem Spitzdach darüber. Dahinter erstreckt sich das riesige Areal des **Freihafens** ❷ mit dem drittgrößten Zuckerterminal der Welt. Rund 650 000 t Rohzucker werden hier jährlich in gigantischen Betonsilos gelagert und in alle Welt verschifft, fast zwei Drittel davon werden in die Europäische Union exportiert. Auf vielen Flachdächern der Wohnhäuser fallen Wassertanks auf: Trinkwasser wird auf Mauritius besonders während des Hochsommers knapp, und in Zeiten der Dürre ist auch die Zuckerrohrernte betroffen.

Der Blick ins Hinterland wird durch die seltsam geformten Moka-Berge versperrt: Auffallend ist der **Pieter Both** (821 m), der zweithöchste Berg der Insel mit seinem runden Felsen auf dem Gipfel, dem prophezeit wurde, dass er nach dem Ende der britischen Kolonialzeit von der Spitze herunterfallen würde. Seit 1968 ist Mauritius unabhängig – und noch immer sitzt der Felskoloss stabil auf dem Berg. Dieser ist benannt nach einem holländischen Seefahrer und Gouverneur, dessen Schiff 1615 in der Bucht von Tombeau

sank [Nr. 5]. Als Berg nicht weniger beeindruckend ist der ›Däumling‹ **Le Pouce**, der relativ leicht zu besteigen ist [Nr. 4].

Zur Linken, im Süden, liegt der **Champ de Mars** ❸. Auf dem früheren Exerzierplatz der Franzosen, wo sich einst auch erbitterte Rivalen tödliche Pistolenduelle lieferten, werden noch heute aufregende, wenngleich unblutige Wettkämpfe ausgetragen – auf dem Rücken der Pferde. Die Pferderennen des *Mauritius Turf Club* (Rue Dr. Eugène Laurent, Tel. 212 22 12, www.mauritiusturfclub.com) finden seit 1812 auf Initiative des britischen Oberstleutnants Edward Draper in dem ovalen **Hippodrom** statt. Damit rühmt sich Mauritius, die älteste Pferderennbahn der südlichen Hemisphäre zu besitzen – und nach Ascot die zweitälteste der Welt. 1839 wurden die ersten Rennpferde aus England und Südafrika importiert. Auch heute kommen die meisten aus Südafrika. In der Saison zwischen Mai und November wetten die Mauritier jeden Samstag auf ihre Favoriten. Dann herrscht

Jahrmarktsstimmung rund um die 1300 m lange Bahn, deren Flanken von Tribünen und Verwaltungsbauten mit Restaurants und Wettbüros gesäumt werden: Bis zu 20 000 Besucher drängen sich an einigen Wochenenden auf dem Platz und um die Buchmacher. Manch Glücklicher nimmt am Ende eines Wetttages ein Vermögen mit nach Hause – ein Rupie-Millionär. Auf der Rennbahn finden darüber hinaus auch nichtsportliche Großveranstaltungen statt, neben Paraden vor allem die alljährlichen Feiern am Unabhängigkeitstag, die daran erinnern, dass hier am 12. März 1968 erstmals die mauritische Flagge (rot-blau-gelb-grün) statt des britischen Union Jack gehisst wurde.

Weihrauch und Minarette

Weit in der Ferne am Hang des *Signal Hill* an der Rue Justice am südlichen Stadtrand, sieht man die kleine weiße **Thien Thane Pagode** ❹ schimmern: Das pittoreske achteckige Gotteshaus mit dem dreifach gestaffelten Dach ist ein modernes Beispiel der fernöstlichen Tempelbaukunst. Vor dem Betreten des Gebäudes sind die Schuhe auszuziehen. Im *Inneren* der chinesischen Pagode empfängt den Besucher eine weihrauchgeschwängerte Welt mit erhabenen Göttern und chinesischen Helden. Während der Zeremonien übergeben die Gläubigen ihren Ahnen und den Göttern reichhaltige Opfergaben: Obst, Tee, Kekse, Bonbons und Blumen schmücken den Altar, der von Wächterfiguren umgeben ist. Die Toten wollen nach konfuzianischer Tradition auch im Jenseits versorgt werden. Dazu verbrennen die Hinterbliebenen Papiergeld und kleine Gegenstände aus Pappmaschee, die den Verstorbenen im Himmel nützen z.B. Autos und Villen. Leise Gesänge erklingen, von Messingschellen und Tambourin begleitet, die feinen Sandelholz-Schwaden der Räucherstäbchen ziehen durch den Raum. Eine dreimalige Verbeugung mit Kniefall beendet das Gebet.

Richtig lebendig und kunterbunt wird es an chinesischen Feiertagen. Wichtigstes Fest aller chinesischstämmigen Buddhisten und Konfuzianer ist das *Chinesische Neujahr* und *Frühlingsfest* (Ende Januar/Anfang Februar, s. S. 127), bei dem man sich bei Drachentänzen und Feuerwerk »Kung tsi fa ts'ai« zuruft, die allerbesten Glückwünsche. Die Farbe Rot spielt dabei eine bedeutende Rolle, denn nur sie hält die bösen Geister fern, beispielsweise bekommen die Kinder mit rotem Papier verpackte Geldgeschenke. Viele der rund 30 000 mauritischen Chinesen, deren Vorfahren im frühen 19. Jh. als Kulis und Händler nach Mauritius kamen, sind mittlerweile Katholiken.

In Mauritius gibt es ganze 87 Religionen bzw. Glaubensrichtungen. Ungefähr ein Fünftel der mauritischen Bevölkerung glaubt an Allah und den Propheten Mohammed. Und so betritt der Fremde in der **Jummah-Moschee** ❺ (Central Islamique Mosque, Markaz-e-Islam-Masjid, Mo–Do 8–12, Sa und So 14–15 Uhr) in der Innenstadt eine gänzlich andere religiöse Welt: Der strahlend weiße Prachtbau in der Rue Royale ist mit türmchenverzierten Mauern und Arkaden versehen – ein Hauch von Tausendundeiner Nacht in der sonst westlich wirkenden Hauptstadt. In der zwischen 1855 und 1885 erbauten Moschee, der ältesten auf Mauritius, versammeln sich die moslemischen Männer fünfmal täglich zum Gebet, die Frauen beten zu Hause. Zahlreiche Moslems treffen sich in der Moschee zum Eid-Ul-Fitr-Fest, das traditionell zum Abschluss des Ramadan-Fastenmonats stattfindet [s. S. 126].

Durch ein mit Buntglas, üppigen Holzschnitzereien und Kupfergravierungen geschmücktes Portal gelangt man ins Heiligtum. Nichtmuslimische Besucher können außerhalb der Gebetszeiten den Vorhof betreten (nur in langen Hosen oder Röcken, das gilt für Frauen wie Männer, die Schuhe werden im Vorraum ausgezogen). Die Gebetshallen sind mit farbenprächtigen Teppichen und Kronleuchtern, Säulen und Torbögen ausgestattet, unter denen die Gläubigen andächtig niederknien und sich beim Beten mehrmals gen Mekka verbeugen. Eine Koranschule (Madressa), ein kleiner Garten, eine Bibliothek und das Mausoleum des frommen *Peer Jammah Shah* befinden sich ebenfalls in dieser Moschee. In der Rue Sir Seewoosagur Ramgoolam, einige Häuserblocks weiter südöstlich, steht eine weitere Moschee mit schlankem, hohen Minarett.

Fährt man weiter Richtung Nordosten, gelangt man in die S. M. Ammen Road zum hinduistischen Kaylasson Tempel, der mit seinem reich verzierten, mehrstöckigen Eingangstor und seiner farbenfrohen Architektur jeden begeistert.

Abendliches Gebet: die Jummah-Moschee, heiligste islamische Andachtsstätte auf Mauritius

Imposantes Eingangstor: der Kaylasson Tempel nordöstlich des Stadtzentrums von Port Louis

Stimmungsvolles Quartier Chinois

Als betriebsames Händlerviertel im Osten von Port Louis entpuppen sich die Gassen rund um die **Rue Dr. Sun Yat Sen** ❻ – Chinatown im Miniaturformat. Man wandelt an niedrigen Holzhäuschen vorbei, viele davon sind windschief und altersschwach, mit rostigen Wellblechdächern und roten Türläden, auf denen chinesische Schriftzeichen prangen. Hier werden allerlei traditionelle Heilmittel aus den verschiedensten tierischen Bestandteilen und heilbringende Pülverchen in Büchsen und Gläsern feilgeboten, dampfende Suppenküchen liegen neben Autoreparaturwerkstätten, chinesische Restaurants neben der Hongkong Bank. Ihrer Spielleidenschaft frönen die chinesischstämmigen Mauritier beim Mah-Jong, Pai Kao (einer Art chinesisches Domino) oder beim Kartenspiel in Spielhäusern, etwa im *L'Amicale de Port Louis Casino* (6 La Chaussee, Tel. 210 97 13, tgl. 10–2 Uhr).

Händler, Käufer und – Langfinger

Nicht zu verfehlen auf dem Weg vom Chinesischen Viertel stadteinwärts über die Rue de la Reine ist der **Central Market** ❼ (Marché Central de Port Louis, Mo–Sa 6–18, So 6–12 Uhr) in Hafennähe. Man sollte ihn so früh wie möglich besuchen – ein buntes Kaleidoskop von Mauritius mit all seinen Kulturen ist hier anzutreffen, und das schon seit der Gründung des Marktes um das Jahr 1840. Auf dem Basar tummeln sich täglich bis zu 25 000 Mauritier – jeder begutachtet, feilscht und plauscht. Auch als Kontakt- und Nachrichtenbörse dient dieser trubelige Ort. Alle Gesichter, Gerüche und Farben der Insel sind hier vertreten: indisch, chinesisch, afrikanisch, europäisch. Duftende Öle und frischer Fisch, Snacks um Kokosnuss und Ananas, Frühlingsrollen und Faratas oder Samosa-Teigtaschen und Bratnudeln, farbenprächtige Gemüseberge, Pyramiden aus Obst (vor allem im Winter), die Wände voller edler Seidenstoffe und T-Shirts mit sonnigen Motiven.

Am Markt herrscht ein babylonisches Stimmengewirr – es gibt 22 Sprachen und 33 Dialekte auf Mauritius – ein Händler unterbietet den nächsten im Preis. Die ›Kräuterdoktoren‹ lugen hinter ihren Gewürzständen hervor und wissen für alle Wehwehchen oder psychologische Mangelerscheinungen das passende

Willkommen in Chinatown – das Viertel um die Rue Dr. Sun Yat Sen im Osten von Port Louis

Heilkraut. Ein Losverkäufer ist umringt von Kunden auf der Suche nach dem großen Glück – vielleicht ist der mauritische Jackpot zu knacken. Auch landestypische Souvenirs, Kunsthandwerk, holzgeschnitzte Masken, Korb- und Lederwaren sowie religiöses Beiwerk und Poster diverser Hindu-Gottheiten werden an den Buden feilgeboten. Touristen sollten sich vor dem Kauf jeglicher Ware auf diesem Markt nach den *angemessenen* Ausländerpreisen erkundigen und hartnäckig, aber freundlich mitfeilschen – ansonsten passiert es, dass ein Urlauber ein Vielfaches des Touristenpreises zahlen muss. Eindringlich warnen die Mauritier hier vor Taschendieben, am besten man lässt Wertsachen im Hotel zurück.

Gemüse in Rot und Grün: Der farbenfrohe Basar im stets belebten Zentralmarkt von Port Louis

Orte der Inspiration

Nicht weit entfernt behauptet sich an der viel befahrenen Rue Jules Koening das altehrwürdige **Municipal Theatre** ❽ (Théâtre Municipal) gegen den anbrandenden Verkehr. 1822 erbaut, rühmt sich die Stadt, dass es das älteste Theater in der südlichen Hemisphäre sei. In dem schmalen, ockergelben Haus im neoklassizistischen Baustil – auffallend sind der Dreiecksgiebel und die aufwendige Portalzone unter einer von sechs Säulen getragenen, balustergerahmten Terrasse – haben heute Laienensembles ihre Heimat. Im *Inneren* lohnt sich ein Blick in den kleinen, 1994 liebevoll restaurierten Theatersaal mit seinen holzgeschnitzten Rängen und der kuppelgewölbten Decke mit Kerzenleuchtern und Malereien: im Kuppelring werden 18 Komponisten genannt, deren Stücke hier aufgeführt wurden, u.a. Mozart und Verdi. Über diesen werden zahlreiche, auf einer Brüstung spielende Putti gezeigt.

Gegenüber vom Theater steht ein weiterer beachtenswerter **Kolonialbau** mit steingemauertem Parterre und holzgezimmertem Obergeschoss. Die kunstvolle Dachzier, das filigrane Balkongitter und die in Taubenblau leuchtenden Fensterläden erheischen die Aufmerksamkeit des Betrachters.

Ein kurzer Abstecher von hier in Richtung Champ de Mars führt einige Häuserblocks weiter zur katholischen **Cathedral St.-Louis** ❾ (Rue Dauphine/Rue Jules Koenig), einem der ältesten Bauwerke der Insel aus dem 18. Jh. Nur der *Springbrunnen* mit Löwenskulpturen vor dem Gotteshaus datiert noch in diese Zeit (1786), die mehrfach von Naturgewalten heimgesuchte Bischofskirche ist durch einen grauen Steinbau mit einem helmlosen Turmpaar aus dem Jahr 1932 ersetzt worden. Interessant sind im ansonsten schlichten *Inneren* der Kathedrale die Gräber der Gattin des Gouverneurs Mahé de Labourdonnais und ihres Sohnes. Verlässt man die Kirche, so liegt hinter ihr inmitten eines umgitterten Gartens das *Palais Episcopal*, die Bischofsresidenz, die eine ausnehmend attraktive Veranda besitzt. In der näheren Umgebung sind weitere Bauten aus der kolonialen Vergangenheit von Port Louis zu entdecken.

Wieder zurück am Stadttheater, biegt man in die Rue du Vieux Conseil ein, in der das kleine **Musée de la Photographie** ❿ (Tel. 238 57 37, Mo–Fr 9–17 Uhr)

Aphrodisiakum gefällig?

Mr. Naiken lehnt lässig hinter seinem **Stand Nr. 460** im Zentralmarkt von Port Louis. Der Mann ist hinter Büscheln aus grünen, wohlriechenden Kräutern und einem Wald von Schildern kaum zu sehen: Doch der grauhaarige Mauritier muss nicht marktschreierisch Aufmerksamkeit erwecken, seine Stammkunden vertrauen ihm. Sogar ganze Touristengruppen kommen hierher und fragen um Rat, meistens nach Heilmitteln zum Abnehmen. Seit fast 50 Jahren verkauft der **Kräuterhändler** alle möglichen Arten von Grünzeug gegen allerlei Wehwehchen – Diabetes, Rheuma, Asthma, Verstopfung, Hämorrhoiden – wie schon sein Großvater und Vater an derselben Stelle. Wenn Mr. Naiken in den nächsten Jahren in den wohlverdienten Ruhestand gehen sollte, wird sein Neffe das Geschäft übernehmen. Die Kräuter, Wurzeln und Beeren sind immer die gleichen geblieben. Seit Jahrhunderten schon hilft beispielsweise **Eukalyptus** mit Hähnchenfüßen-Blättern gegen Migräne, sagt der Kräuterdoktor, und: Auf die richtige Dosierung komme es an. Für das Aphrodisiakum wird eine gewisse **Parul-Wurzel** in heißem Wasser gekocht, lässt er die Kunden geheimnisvoll wissen. Das wirke bei Männern und Frauen: »Eine Tasse am Morgen, eine Tasse am Abend und schon sind Sie im Paradies, das wirkt sofort!« Bisher habe sich noch kein Kunde beschwert oder einen Tee reklamiert. Im Gegenteil: Nicht ohne Stolz zeigt er den Ordner mit Dankesschreiben aus aller Welt. Die wild wachsenden Kräuter kauft Mr. Naiken Sammlern ab, aus den Ingredienzien mixt er dann eigenhändig seine Tees, Öle und Pülverchen – einige Skeptiker behaupten allerdings, die Kräuterdoktoren würden in Wahrheit immer die gleichen Kräuter verwenden.

seine Pforten geöffnet hat. Hier sind rund 1000 Fotoapparate ausgestellt, dazu seltene Objektive, die für die Pioniere der Fotografie wie den Franzosen Jacques Daguerre 1839 hergestellt wurden. Ebenso dokumentieren zahlreiche Originalfotografien die Geschichte der mauritianischen Fotografie, die ihren Anfang in den 1840er-Jahren nahm.

Kolonialer Baustil: die Statue der Queen Victoria vor dem Regierungspalast im Stadtzentrum

Wieder zurück in der Rue Jules Koenig geht der Besucher in Richtung Westen stadteinwärts, wo er zu einem der ältesten und zugleich dem politisch bedeutendsten Gebäude auf Mauritius, dem **Hôtel du Gouvernement** 🔴11 gelangt. In dessen Ehrenhof trägt *Queen Victoria* in Marmor wacker ihr Zepter, hinter ihr halten leibhaftige Uniformträger Wache. Labourdonnais ließ 1740 das einstöckige Holzhaus mit Ziegeldach und Steinsäulen errichten, das zweite Stockwerk wurde 1806/07 unter dem letzten französischen Gouverneur, General Decaen, aufgesetzt. Mächtige Flamboyantbäume umstehen das zierliche Haus mit seinen luftigen Veranden. Heute werden nur noch Staatsgäste in den ehrwürdigen Hallen empfangen, die mit Gemälden, Kolonialmöbeln und edlem Parkettboden ausgestattet sind. Das mauritische Parlament wiederum tagt in den klimatisierten Neubauten hinter dem Hôtel.

Schräg vis-à-vis, in einer gelb getünchten Kolonialvilla neben dem Jardin de la Compagnie mit seinen Schatten spendenden und Luftwurzel werfenden Banyanbäumen hat das **Natural History Museum** 🔴12 (Musée de Port Louis, La Chaussée; Mo–Fr 9–16, Sa 9–12 Uhr) sein Quartier. Seit 1842 werden hier Exponate aus den Bereichen der Naturwissenschaften und der Inselgeschichte gesammelt: ausgestopfte Vögel und Hirsche, Meeresschildkröten und Walskelette, präparierte Schlangen und Echsen, filigrane vielfarbige Schmetterlinge, Muscheln, Korallen und anderes Meeresgetier. Ungekrönter Star der kleinen ambitionierten Ausstellung ist zweifellos der *Dodo*, das einzigartige mauritische Vogelwesen. Der Didus ineptus, auch Raphus cucullatus, wurde schon seit Ende des 17. Jh. nicht mehr auf der Insel gesehen, er verschwand in die ewigen Jagdgründe – ausgerottet durch die Kolonialherren. Im ersten Stock befindet sich die **Staatsbibliothek** mit Tausenden von Büchern, Lexika, einem Zeitungsarchiv sowie einer Kunstgalerie.

In Hafennähe – Einkaufsglück und Einwandererschicksale

Durch einen Fußgängertunnel gelangt man von der Place d'Armes zum Hafen, wo das älteste Postamt der Insel steht, 1868 erbaut. Im Hafenbecken schaukeln Motorjachten, einige Bootsbesitzer bieten Hafenrundfahrten an. Eine Esplanade führt unter Palmen vorbei an Kinderspielplatz und Springbrunnen nach Süden zum beliebten Einkaufszentrum **Le Caudan Waterfront** 🔴13 (www.caudan.com). Der Architekt Maurice Giraud scheint durch Disney-World-Mär-

TOP TIPP

chenschlösser inspiriert gewesen zu sein, denn die vielfach verschachtelte Anlage am Hafen zeichnet sich durch die unterschiedlichsten Giebel-, Erker- und Tambourformen, durch verspielte Türmchen, Arkaden und Pavillons in zartem Rosé aus. Etwa 170 Geschäfte haben sich in der zweistöckigen Einkaufspassage angesiedelt: Duty-free-Schmuckläden, zahlreiche Boutiquen, Souvenirgeschäfte, fünf Kinos, ein Vier- und ein Fünfsternehotel, ein Nachtklub und ein Kasino, Restaurants und Imbissbuden, Cafés und Eisdielen, Reisebüros und Kunstgalerien. Einen Lageplan für das verzweigte Caudan Waterfront hält das Tourismusbüro bereit.

Einen Besuch lohnt auch das gegenüber des modernen Centers untergebrachte **Blue Penny Museum** ⑭ (Mo–Sa 10–17 Uhr, www.caudan.com). Die private Sammlung bietet den größten Schatz auf Mauritius: die Blaue und die Rote Mauritius im Original samt Druckfehler aus dem Jahr 1847. Die beiden echten Marken sind Leihgaben der Mauritius Commercial Bank (MCB). 1993 hatte ein Zusammenschluss aus mauritischen Firmen der MCB diese beiden Marken auf einer Schweizer Auktion für 38 Mio. Rupies (etwa 1 Mio. €) ersteigert. Aus konservatorischen Gründen werden die beiden Kostbarkeiten jede Stunde jeweils nur für zehn Minuten beleuchtet. Die Ausstellung ist aber nicht nur für Philatelisten interessant: Eine Abteilung widmet sich der Tragödie von Paul und Virginie. Zudem sind historische Landkarten und Dokumente, Schiffsmodelle, nautische Instrumente und Wrackfunde zu sehen. Gemälde und Skulpturen veranschaulichen das europäische, afrikanische und asiatische Erbe der Insel.

Flugunfähiger Fleischberg – der Dodo

Er begegnet dem Urlauber auf Schritt und Tritt: als plüschiges Souvenir oder als wertvolle Goldmünze, auf dem mauritischen Wappen und auf Briefmarken. Dabei ist der Dodo seit über 300 Jahren ausgestorben – und doch avancierte er zu einer Art **Maskottchen** des Inselstaates. Der weltweit einzigartige Vogel war nicht gerade eine Schönheit: In grauem Federkleid, mit wuchtigem Hakenschnabel und dickem Hinterteil watschelte er auf zu kurz geratenen Beinen herum und die Holländer spötttelten bei seinem Anblick im 17. Jh.: Was für ein ›Dodo‹ (Faulpelz)! Für seine Trägheit konnte der fettleibige, um 25 kg schwere Vogel nichts: Nur mit den über Jahrmillionen verkümmerten Flügeln ausgestattet, war er der Umwelt hilflos ausgeliefert, besonders als die Holländer den Wald rodeten, um den Boden für den Ackerbau nutzbar zu machen. Da saß der Dodo plötzlich schutzlos da – als fette Beute. Den traurigen Rest besorgten Affen und Ratten, die mit den holländischen Einwanderern von Bord gingen, dem Dodo die Eier aus seinen Nestern fraßen und damit dessen Nachwuchs keine Chance ließen. Innerhalb von wenigen Jahrzehnten wurde die Vogelart vollständig ausgerottet. Zwischen 1681 und 1693 soll er das letzte Mal gesehen worden sein. Im englischen Sprachgebrauch ist der Dodo mittlerweile ein Synonym für mausetot – **dead as a Dodo**.

Der Drontenvogel aus Mauritius ist kein Einzelfall und gilt unter Wissenschaftlern als Paradebeispiel für das rasche Ende von Gattungen auf isolierten Inseln, nachdem diese von europäischen Eroberern in Besitz genommen worden waren. Bis auf ein paar Knochen und einen Schädel im Museum von Oxford ist von dem **Raphus cucullatus** nichts mehr übrig geblieben. Ein originalgetreues Modell ist im Naturkundemuseum von Port Louis zu bewundern.

Pummeliges Wahrzeichen – Nachbildung des Dodo im Naturkundemuseum

An ein bitteres Kapitel der Geschichte erinnert am Trou Fanfaron Basin weiter nördlich **Aapravasi Ghat** ⑮ (1 Quay Street, Tel. 2173158, www.aapravasighat.org, Mo–Sa 9–16 Uhr). Das Durchgangslager wurde 1849 für indische Vertragsarbeiter eingerichtet, die nach Abschaffung der Sklaverei 1835 die schwarzen Arbeiter auf den Zuckerplantagen ersetzen sollten. Bis 1909 kamen so etwa 450000 Inder ins Land. Vom 1923 geschlossenen Lagerkomplex zeugen noch die Kaimauer, das Eingangstor und die Krankenstation, Mauerreste und Fundamente von Wohn-, Küchen-, Wasch- und Toilettenbauten. 2006 wurde das Areal von der *UNESCO* zum *Weltkulturerbe* erklärt, fortlaufend finden weitere Ausgrabungen statt und das Gelände lässt sich am besten im Rahmen einer Führung (25–45 Min.) erkunden.

ℹ Praktische Hinweise

Information

Mauritius Tourism Promotion Authority (MTPA), Victoria House (4-5th Floor), St. Louis Street, Port Louis, Tel. 2101545, www.tourism-mauritius.mu

Einkaufen

Außer dem Le Caudan Waterfront (s.o.) findet man viele Geschäfte im *Happy World Center* (Rue Sir William Newton, Port Louis), ansonsten:

L'Argonaute, 3 Rue Sir William Newton, Port Louis, Tel. 2086597. Allerlei touristischer Schnickschnack, aber auch gutes Kunsthandwerk und Schmuck. Die Muscheln und Korallen sollte man aufgrund des Ausfuhrverbots keinenfalls kaufen (Mo–Fr 9–16.30, Sa 9–12 Uhr).

Hémisphère Sud, Plaine Lauzun, Port Louis, Tel. 2106470, www.hemispheresud.com. Eleganz in Leder: exklusive Schuhe und Handtaschen (Mo–Fr 9–17 Uhr).

Hotel

Labourdonnais Waterfront Hotel, Le Caudan Waterfront, Port Louis, Tel. 202 4000, www.labourdonnais.com. 109 luxuriöse Zimmer und Suiten mit Meerblick, mitten im Geschäftsviertel am Hafen.

Restaurants

Carri Poulé, Place d'Armes, Port Louis, Tel. 2124883 und 2121295. Indisch-kreolische Gerichte in elegantem Ambiente (Mo–Sa 10–22 Uhr).

Verlockende Hallen des Konsums – Eingang zu Le Caudan Waterfront in der Hauptstadt

Die Blaue Mauritius – ein glorreicher Irrtum

Anfang des 20. Jh. in Frankreich: Ein kleiner Junge verbrachte seine Nachmittage nach der Schule in den verstaubten Archiven der Firma seines verstorbenen Vaters in Bordeaux. Er fahndete nach einer ganz bestimmten Briefmarke, von der er in einem philatelistischen Fachblatt gelesen hatte. Der Vater hatte Geschäftskontakte mit Mauritius unterhalten, die gesuchte Marke war die blaue Mauritius. Schließlich fand der Schuljunge einen Briefumschlag: den **Bordeaux-Brief**, der gleich zwei der weltberühmten Marken aus Mauritius trug – eine blaue und eine rote. Für umgerechnet rund 10 000 € verkaufte der junge Franzose seinen Schatz.

So weit eine von vielen Geschichten rund um die Mauritius-Marken mit dem Konterfei der Königin Viktoria von England. Wahr ist: Der berühmte mit beiden Marken frankierte Bordeaux-Briefumschlag – das ›Kronjuwel der Philatelie‹ – wechselte zuletzt in der Schweiz für 6,125 Mio. SFr (ca. 3,3 Mio. €) den Besitzer: Nur 42 Sekunden lang hatten sich die Interessenten gegenseitig überboten, der Preis schoss in Hunderttausenderschritten in die Höhe, »eine Dame in Schwarz« erhielt den Zuschlag. Noch nie wurde so viel für ein philatelistisches Sammlerstück bezahlt. Bei dieser legendären Auktion 1993 wurden fünf Marken des japanischen Industriellen und Sammlers Hiroyuki Kanai versteigert.

Mauritius verdankt seine begehrte Attraktion einem zerstreuten Graveur. Am 21. September 1847 war das Geburtsdatum der Blauen und Roten Mauritius, nur sieben Jahre nach Einführung der

Briefmarke in Großbritannien. Mauritius war – nach England, der Schweiz und Brasilien – das vierte Land weltweit, das mit dem Druck von Briefmarken begann. Anlässlich eines Maskenballs, den der Gouverneur Sir William Gomm und seine Gattin am 30. September 1847 in Port Louis gaben, wurden 500 orangerote **One-Penny-** und 500 indigoblaue **Two-Pence-Marken** gedruckt und auf die Einladungsschreiben für Gäste aus aller Welt geklebt.

Doch die Marken hatten eine Macke. Sie verdanken ihren Ruhm einem Fehler auf der Druckplatte, die 1847 kurzzeitig benutzt wurde: Anstelle der normalen Aufschrift ›Post Paid‹ hatte der Graveur **Joseph Osmond Barnard** ›Post Office‹ eingraviert, angeblich stand er unter Zeitdruck. Die Einladungen wurden – ohne großes Aufsehen zu verursachen – mit den fehlerhaften Marken in alle Welt verschickt. Der Brief nach Bordeaux (am 4. Oktober 1847 abgesandt) benötigte auf der Seereise über England, Boulogne und Paris 85 Tage, ehe er im Zielort ankam. Erst im Jahr 1869 entdeckte Madame Borchard aus Bordeaux das Malheur – und die Weltreise der seltenen Marken konnte beginnen.

Was wurde aus den anderen Fehldrucken? Die meisten verschwanden wohl unbeachtet im Papierkorb. Heute existieren weltweit wohl nur noch 12 Blaue und 14 Rote Mauritius in Privatsammlungen, des Weiteren zwei Marken im Berliner Museum für Kommunikation. Auch **Queen Elizabeth II**. ist im Besitz je einer dieser Raritäten. Die fehlerhafte Druckplatte wird in London aufbewahrt.

Stilvolle Besichtigungstour: eine Kutschfahrt durch die Gärten der Domaine Les Pailles

La Bonne Marmite, 18 Rue Sir William Newton, Port Louis, Tel. 212 24 03. Indisches Büfett im Parterre oder vornehm Speisen im zweiten Stock dieses Kolonialhauses (Mo–Fr 8.30–16.30, Sa 8.30–11 Uhr).

Le Café du Vieux Conseil, Rue du Vieux Conseil, Port Louis, Tel. 211 03 93. Das kleine Lokal in einem Bau aus dem 18. Jh. versteckt sich in einer Gasse hinter einem schmiedeeisernen Tor – eine richtige Oase: mauritische Speisen in einem Garten unter Mangobaum und Palmen (tgl. 11.30–15 Uhr, So/Fei geschl.).

2 Domaine Les Pailles

Mauritische Geschichte und Kultur sowie exzellente Restaurants in wunderschöner Gartenlandschaft.

Am Wochenende zieht es die Städter aus Port Louis und Curepipe in ein ganz besonderes Naherholungsgebiet, das lediglich 5 km südlich von der Hauptstadt entfernt liegt: Die Domaine Les Pailles (Les Pailles, Tel. 212 42 25, www.domaineles spailles.net, tgl. 9–16.30 Uhr; 45-minütige Führungen oder Tageskarten) ist ein abwechslungsreiches Freiluftmuseum, in dem mauritischen Schulklassen und Touristengruppen die Inselgeschichte auf anschauliche Weise, gleichsam zum Anfassen, nahe gebracht wird. Ein halbstündiger Film zur Landeshistorie wird auf Wunsch im Besuchercenter gezeigt, ein Lageplan ist hier ebenfalls erhältlich.

Die Besucher können das 1500 ha große Gelände mit historischen Pferdekutschen und auch per Minizug erkunden. Wer etwas mehr Zeit hat, kann sich mit dem Jeep hinauf in die Moka-Berge, zum *Pic des Guibies* (725 m) oder an den *Le Pouce* fahren lassen. Dort geht man in aller Ruhe spazieren und aus 500 m Höhe genießen die Ausflügler die atemberaubende Aussicht auf Küste und Hauptstadt und kann mit etwas Glück auch Java-Hirsche und Makaken beobachten.

Die Hauptattraktion im Areal ist der Nachbau einer **Zuckermühle** aus dem 18. Jh. Hier wird demonstriert, wie der *Fangourin* (Zuckerrohrsaft) aus den Pflanzen gepresst, gekocht und mit Kalk gereinigt wird und wie sich die sirupartige Melasse im süßlich riechenden *Kristalli*sierungsraum in braunen Rohzucker verwandelt (Demonstration mit Zuckerrohr nur zur Erntezeit Mitte Juni bis Mitte Dezember). Beliebtes Fotomotiv der kleinen Sugar Mill ist das leibhaftige Buckelrind, das an der Presse seine Runden dreht – diese Arbeit verrichteten hier bis 1835 noch Sklaven. Aus der restlichen Melasse entsteht in den beeindruckenden Kupferkesseln in der *Destillerie* nebenan der mauritianische Rum. Die Holländer hatten die Arrak-Produktion im 17./18. Jh. in Mauritius eingeführt, um ihre Seeleute mit Hochprozentigem zu versorgen. Die Melasse wird in einem langwierigen Prozess gekocht und kondensiert. Das fertige Produkt gibt es im Souvenirladen der Domaine zu kaufen: *Rum* mit Kokos- oder Kaffeegeschmack oder ›natural‹. In einer weiteren kleinen Destillerie riecht es intensiv nach Zitrone: Aus den blechernen Gerätschaften über dem Ofen gewinnt man verschiedene *Öle* (Lemongras, Eukalyptus, Red Pepper) auf traditionelle, äußerst aufwendige Weise – denn aus 100 kg Blättern erhält man lediglich 25 ml Pflanzenöl. Die verwendeten Pflanzen stammen zum Teil aus dem Gewürzgarten der Domaine Les Pailles.

Die Besucher flanieren durch gepflegte Gärten mit blühendem Hibiskus, vorbei an Ebenholzbäumen und imposanten Springbrunnen, umgeben von den Moka-Bergen und dem markanten Le Pouce. Wahrlich eine Augenweide sind die für die Insel typischen *Flamboyants* (Flammenbäume), wenn sie zwischen November und Mai knallrot in Blüte stehen. Kein Urlauber pilgert an ihnen vorüber, ohne auf den Auslöser seiner Kamera gedrückt zu haben. Am Wegesrand zeigen Mauritier die traditionelle Fertigung von Körben, Strohmatten und

Mit einem strahlenden Lächeln werden die Gäste der Domaine Les Pailles zu Tisch gebeten

Rhum arrangé: in riesigen Glasgefäßen wird Alkohol mit feinsten Früchten angesetzt

(Sammel-Tel. 2124225, Mo–Sa 12–15 und ab 18 Uhr) einkehren. Sega-Shows, klassische indische Tänze und Sitar-Konzerte sowie chinesische Drachentänze begleiten die Mahlzeiten. Etwa im wunderschönen, mit schwerem Brokat, Spiegeln und Karaffen dekorierten *Indra*-Restaurant, wo köstliche indische Speisen gereicht werden, oder im eleganten *Clos St. Louis* mit inseltypischen Gerichten und leckeren Cocktails, die an der Pianobar gemixt werden. Chinesische Küche vom Feinsten in angenehmer Atmosphäre bietet das *Fu Xiao*. Erholung nach Pizza und Pasta im italienischen Gartenrestaurant *Dolce Vita* verheißt der nahe Swimmingpool, an dem Masseure die müden Muskeln unter Eukalyptusbäumen durchkneten.

›Gounis‹-Taschen aus Aloe-Fasern. Aus gerösteten Bohnen von der Domaine-Plantage wird in einem Bottich Kaffee gestampft. Im **Kasino** (tgl. ab 20.30, So/Fei ab 14 Uhr), einer hochherrschaftlichen, blendend weißen Kolonialvilla mit auffallend filigran verbrämter Veranda, treffen sich Spielernaturen beim Black Jack und Roulette oder ganz banal an klimpernden Spielautomaten.

Auf jeden Fall sollte man in eines der vier exklusiven **Feinschmeckerlokale**

3 Eureka

Koloniale Lebensart, bewahrt im Maison Créole inmitten ursprünglich wilder Natur.

Einen Hauch vergangener Zeiten spürt der Urlauber im Ort Moka, wo die Kolonialvilla Eureka, auch *La Maison Créole* genannt (Moka, Tel. 7509407, www.eureka-house.com, Mo–Fr 9–17, Sa 9–16, So 9–15 Uhr), die Besucher empfängt. Kaum hat man die Autobahn verlassen, findet man sich in einem Zauberwald an der *Rivière Baptiste* wieder: Ebenholzbäume und einheimische *Tatamaka*-Bäume, Bäche, kleine Kaskaden und natürliche *Jacuzzi*-Pools. Das elegante Haus steht in

Reise in die Vergangenheit: Das elegante Wohnzimmer der 1830 erbauten Kolonialvilla Eureka

einem herrlichen Parkgelände vor dem steil aufragenden Berg Ory.

Die Villa wurde 1830 von britischen Siedlern im alten kreolisch-französischen Stil erbaut – aus weißen Latten mit zierlich-leichten Holzsäulen und umlaufender Veranda, gedeckt mit einem schwarzen, gaubenbesetzten Ziegeldach. Sage und schreibe 109 Türen führen hinein und sorgen für frischen Luftzug. Die koloniale Einrichtung – Holzmöbel, Vitrinen und Sekretäre, Kronleuchter, Vasen, Porzellan sowie alte Musikinstrumente und Seekarten – vermittelt einen besonders lebendigen Eindruck der luxuriösen Lebensart der Plantagenbesitzer im 19. Jh. und die Veranda lädt zum gemütlichen Verweilen ein.

Im Garten können Picknicks mit kreolischen Speisen arrangiert werden, manche Besucher übernachten in einem der drei Gästehäuser. Wer hier länger bleibt, der entdeckt beim Spaziergang entlang der Schlucht und des Flusses den kleinen Wasserfall und kann in seine erfrischenden Fluten eintauchen. Ein Restaurant und ein Souvenirshop vervollkommnen das Angebot und eine Galerie im Pavillion zeigt regelmäßig Wechselausstellungen mauritischer Künstler.

4 Le Pouce

Wanderung auf den Hausberg von Port Louis mit fantastischem Panorama.

Der Berg Le Pouce wacht im Südosten über die Hauptstadt Port Louis. Er ist verlockend und abschreckend zugleich, seine Form ist dem eines Fingers nicht unähnlich, weshalb die Bewohner von Port Louis ihn ›den Daumen‹ nannten. Wer seine majestätischen 812 m erklimmen will – das letzte steile Stück ist die reinste Kletterpartie –, wird belohnt mit einem sagenhaften Ausblick über Port Louis und den Indischen Ozean. Die gesamte Insel von Mauritius ist von hier aus in einem Panorama zu erfassen. An den Wochenenden teilt man sich den relativ leicht begehbaren Pfad auf den Berg allerdings mit vielen anderen Ausflüglern, meist Einheimischen. Der Weg führt ab Moka (ausgeschildert) aufwärts, durch Zuckerrohrfelder und Wald hindurch, über Bäche und an steilen Abhängen entlang. Insgesamt ist mit einer Wanderung von etwa drei bis fünf Stunden zu

rechnen, je nach persönlicher Kondition: Zu Bedenken ist, dass bei Regen der Untergrund oft schlammig sein kann.

Auch der **Pieter Both**, der nördliche Nachbar, mit seinem markanten Felsbrocken auf der Spitze (821 m), kann über Grève Cœur erklommen werden, allerdings sind hierzu bergsteigerische Erfahrung und eine entsprechend gute Ausrüstung (Bergsteigerschuhe, Seil) vonnöten, außerdem sollte man schwindelfrei sein. In Port Louis werden geführte Klettertouren angeboten (z.B. buchbar über Vertical Word Ltd., Tel. 6975430, www. verticalworldltd.com). Oben angelangt, haben maximal acht Bergsteiger auf dem schmalen Gipfel Platz. Eine Gedenktafel erinnert an eine Familie, die hier vom Blitz getroffen wurde.

Nur für Kletterer mit guten Nerven – Pieter Both, der zweithöchste Inselberg

Grand Baie und der Norden –
Jubel und Trubel, Stars und Sternchen

Grand Baie, in diesem Ort im Norden der Insel mit seiner verlockend türkisblauen Badebucht, kommt der Besucher rund um die Uhr auf seine Kosten: tagsüber lockt der Wassersport und nachts ist hier oft mehr los als in der mauritischen Hauptstadt. Ungeachtet dessen hat sich das heutige Touristenzentrum Grand Baie viel von seinem landestypischen Charme bewahrt. Dafür sorgen die mauritischen Familien, die sich an Feiertagen und Wochenenden in Sari oder Shorts gekleidet, das Carri Poulé und die Teigtaschen-Samosas im prall gefüllten Picknickkorb, unter die Touristen aus aller Welt mischen und Abwechslung am Strand suchen.

Dabei hatte der Norden mit seinen versteckten Badebuchten und den endlos langen Stränden einen ziemlich schlechten Ruf in der Inselhistorie: ›Unglückskap‹ nennen die Einheimischen die nördlichste Spitze des Landes, wo regelmäßig Schiffe versanken und die französischen Kolonialherren die Seeschlacht gegen die neuen Eigner aus England verloren. Jahrhundertealte Schoner erzählen Geschichten von allen Weltmeeren, sei es die ›Isla Mauritia‹ – noch immer in voller Fahrt und Pracht in Grand Baie – oder die ›Gorch Fock‹ als Miniaturausgabe in der berühmten Schiffsmodellfabrik ›Historic Marine‹ in **Goodlands**.

Im Landesinneren zieht der botanische Garten **Pamplemousses** wahre Besucherströme an und verzaubert beim Flanieren mit seinem tropischen, überaus reizvollen Landschaftsbild, geprägt von Palmen, Ebenholz und Lotosteichen.

5 Baie du Tombeau

Die ›Grabesbucht‹ entpuppt sich als sehr schöner Badestrand.

Eine der malerischten Buchten von Mauritius verdankt ihren Namen ›Grabesbucht‹ vermutlich dem 1615 vor der Nordwestküste ertrunkenen **Admiral Pieter Both**, der hier begraben sein soll. Er blieb in der Inselgeschichte allerdings nicht der Einzige, dessen Schiff auf eines der vorgelagerten Riffe lief und an der Küste sank.

Von Port Louis aus fährt man in nördlicher Richtung den Highway M 2 entlang, dann biegt man links auf die Riche Terre Road ab. Diese Landstraße ist an der Küste gesäumt von mauritianischen Villen, Wochenend- und einigen preiswerteren Gästehäusern. Weiter östlich erstrecken sich ausgedehnte

Höchste Badefreuden verspricht der Pool des Hotels Le Récif in Pointe aux Piments

Zuckerrohrfelder bis weit ins Landesinnere, die grandiose Kulisse bilden die Bergwächter von Port Louis: vom bizarren Pieter Both bis hin zum ›Däumling‹ Le Pouce – zackig, spitz oder stumpf und abgeflacht.

Einige schmale Durchgänge führen von der Riche Terre Road zunächst zu einem eher felsigen Strand. Weiter nördlich liegt das eigentliche Ziel der Tombeau-Bucht, ein herrlich feiner goldener Sandstrand, der sich als halbrunde Sichel ans blaue Meer schmiegt. Der breite Strand wird flankiert von Filaos (Kasuarinen), Laubbäumen und Kokospalmen. Hier strömt auch die *Rivière du Tombeau* ins Meer, einige Fischerboote schaukeln im Tintenblau und Muschelsucher waten durch den Schlamm.

Besonders unter der Woche gibt es Tage, an denen man den Strand ganz für sich allein genießen kann – jedoch sollte der Strand zur eigenen Sicherheit spätestens vor Einbruch der Dunkelheit verlassen werden.

ℹ Praktische Hinweise

Restaurant
Taipan, Royal Road, Baie du Tombeau, Tel. 247 49 79. Sehr gutes China-Restaurant, elegant eingerichtet, mit Meerblick und Air-Condition (Mo geschl.).

6 Pointe aux Piments

Logenplatz für spektakuläre Sonnenuntergänge.

Durch scheinbar endlose, wogende Zuckerrohrfelder im Landesinneren erreicht man die Küste wieder an der Pointe aux Piments. Der rund 2 km lange, mit Felsen durchsetzte Strand beginnt hinter einer Wiese mit Kasuarinen und wird im Norden begrenzt durch die **Batterie des Grenadiers**. Die Reste dieser ehemaligen Granatenstellung der Franzosen lassen ahnen, wie umkämpft dieses Eiland im 18. Jh. einst war. An den Wochenenden wird es hier am Strand voll, rollende Imbissbusse und Eisbuden versorgen die Badenden, kein Meter bleibt unbesetzt von picknickenden Mauritiern. Angler stehen im seichten Wasser, andere suchen Krebse und Muscheln. Am Abend lässt man sich auf den Bänken nieder und genießt hier das faszinierende und unvergleichliche Farbenspiel des Sonnenuntergangs über dem weiten Indischen Ozean.

Am Küstenabschnitt rund um Balaclava und die schöne **Baie aux Tortues** (Baie de L'Arsenal), die Mündungsbucht der *Rivière Citron*, ist das **Mauritius Aquarium** (Coastal Road, Pointe aux Piments, Tel. 261 45 61, www.mauritiusaquarium.com, Mo–Sa 9.30–17, So 10–15, Fischfütterung

tgl. 11 Uhr) beheimatet. Hier sind in mehreren Becken Seeanemonen, orangeschwarz gestreifte Clownfische, furchteinflösende Muränen und die gut getarnten Steinfische zu bewundern, im mit 150 m größten Becken schwimmen ganz friedlich nebeneinander Riesenschildkröten und imposante Haie.

ℹ Praktische Hinweise

Einkaufen

Ananta Art Gallery, Victoria Hotel Road, Pointe aux Piments, Tel. 251 61 02. Der Bildhauer *Devanand Bungshee* fertigt Bronze- und Zementskulpturen in jeder Größe an, die er in den Räumen und im Garten seiner Galerie ausstellt und verkauft – kleinere Kunstwerke sind geeignete und besondere Reisesouvenirs.

Hotels

Le Victoria, Coastal Road, Pointe aux Piments, Tel. 204 20 00, www.levictoria-hotel.com. Großer eleganter Hotelkomplex am langen Strand, helle geräumige Zimmer, imposante Pool-Landschaft, vier Restaurants und Wassersportzentrum.

Le Meridien Île Maurice, Village Hall Lane, Pointe aux Piments, Tel. 204 33 33, www.lemeridien-mauritius. com. Dieses herrliche Fünfsternehotel bietet Komfort ohne Ende und Wellness pur – dazu Golf-, Tennis- und Tauchmöglichkeiten.

Maritim, Balaclava, Baie aux Tortues, Tel. 204 10 00, www.maritim.de. Luxusklasse an der halbrunden Bucht, weitläufiger Garten um eine fantastische Badelandschaft, zwei exquisite Restaurants, Tennis, Golfplatz und Reitpferde.

Villas Mon Plaisir, Pointe aux Piments, Tel. 261 79 80, www.villasmonplaisir.com. Kleines Hotel am Strand von Pointe aux Piments, sämtliche Zimmer sind mit Klimaanlage ausgestattet, viele davon mit Meerblick, Pool in kleiner Grünanlage und Restaurant, in dem nicht nur mauritianische, sondern auch chinesische und indische Gerichte serviert werden.

Die Sonne am Palmenstrand genießen: Trou aux Biches hat einige der schönsten Strände

herrscht immer noch Arbeitsteilung nach alter Tradition: Die Männer angeln und grillen, die Frauen kochen leckeres Curry. Da der Ort für Urlauber stark an Attraktivität gewonnen hat, sind in der Gegend zahlreiche und in erster Linie funktionale Hotelbauten entstanden.

Hochseefischer aus aller Welt zieht der hier ansässige Sportfischerklub Le Corsaire an. Unterhaltung ganz anderer Art bietet das private **Musée de l'Automobile et du Transport** (Route Royale), das in einem stillgelegten Flugzeughangar verschiedene Transportmittel aus der Vergangenheit zeigt: von Rikschas und alten Rennwagen über Kutschen und Traktoren bis hin zu einer *Pirogue*, einem traditionellen Boot mit Dreiecksegel.

Die Küstenstraße führt Richtung Norden vorbei an zahlreichen Hotels, Restaurants, Läden vor allem mit Taucherausrüstungen und einem Golfplatz. Hier ist auch der beliebte Strand von Mont Choisy am **Pointe aux Canonniers** zu finden – einer weit ins Meer ragenden Landzunge mit einer einstigen Garnison der Franzosen. Auf dem Gelände des ehemaligen Forts der Grand Baie empfängt heute das Hotel Le Canonnier seine Gäste. Die Festungsruinen wurden in den modernen Bau integriert, ebenso ein restaurierter und heute nicht mehr genutzter Leuchtturm, der seinen Lichtstrahl über die tückische Küste und die Landspitze sandte.

7 Trou aux Biches

 TOP TIPP *Angeln, Grillen und Sonnenbaden – Strandleben mit Spaßfaktor.*

Nur ein paar Kilometer weiter nördlich des Pointe aux Piments erstreckt sich einer der schönsten und längsten Strände der Insel mit vorgelagertem Korallenriff. An der rund 6 km langen, sanft geschwungenen Halbbucht von Trou aux Biches werfen Kasuarinenwäldchen ihre Schatten über den Strand, an dem die Farben der bunten Saris der Mauritierinnen vor dem türkisblau-grünem Wasser des Ozeans besonders zu leuchten scheinen. Einige Motorboote sind in der Ferne zu sehen, Windsurfer teilen sich das verlockende Meer mit Badenden, derweil Parasailer im Landeanflug niederschweben. Die Sonnenanbeter versorgen sich an Imbissständen oder erfrischen sich an einem kühlen Eis. Die meisten Mauritier kommen zum Ende der Woche hierher und übernachten in Familienzelten auf dem Campingplatz unter Filaos. Dabei

i Praktische Hinweise

Hochseefischen

Organisation de Pêche du Nord Corsaire Club, Coastal Road, Trou aux Biches, Tel. 265 52 09

Hotels

Casuarina Resort & Spa, Trou aux Biches, Tel. 204 50 00, www.hotel-casuarina.com. Kleines Hotel, auch Apartments und Bungalows, mit Garten und Pool. Strand jenseits der Straße.

La Cocoteraie, Coastal Road, Mont Choisy, Tel. 265 51 04, http://cocoteraie. amltd.net. Moderne Anlage mit Bungalows und Studios, Selbstverpflegung und Restaurant, Swimmingpool.

Le Canonnier, Royal Road, Pointe aux Canonniers, Tel. 209 70 00, www.leca

Aufwendig verzierter Wohnsitz hinduistischer Götter : Maheswarnath Shiv Mandir in Triolet

nonnier-hotel.com. An der Landspitze gelegenes Viersternehotel mit Zugang zu drei Stränden. Alle rattanmöblierten Zimmer haben Seeblick. Es gibt auch zweistöckige Suiten für Familien.

Trou aux Biches Resort & Spa, Trou aux Biches, Triolet, Tel. 204 65 65, www. trouauxbiches-hotel.com. Palmstroh-gedeckte hübsche Bungalows im weitläufigen Palmengarten entlang des kilometerlangen flachen Strandes. Zur Fünfsterneanlage gehören Kasino und Golfplatz.

Villas Mont Choisy, Coastal Road, Mont Choisy, Tel. 265 52 61. Familiäre Anlage um einen Pool in Strandnähe.

Restaurants

Le Bateau Ivre, Royal Road (Landstraße nach Grand Baie), Pointe aux Canonniers, Tel. 263 87 66. Ganz wie auf einem Schiff: Vornehmes holzgetäfeltes Lokal mit Bar, Veranda unter Palmen sowie eine kleine maritime Ausstellung mit Schiffsmodellen. Spezialität: Frisches aus den Tiefen des Meeres (tgl. 19–23.30 Uhr).

Le Dodo, Pointe aux Canonniers, Tel. 263 63 89. Gemütliches Bambus-Rattan-Lokal, in dem Fischsuppen, gratinierte Krebse, Rindersteak und Hühnercurry serviert werden – das Beste aus der europäischen und asiatischen Küche.

 Le Pescatore, Route Côtière, Trou aux Biches, Tel. 265 63 37. Eines der besten Restaurants der Insel. In diesem exquisiten Seafood-Lokal speist man romantisch auf einer Terrasse am Meer, große Weinauswahl (tgl. 12–14.30, 19–22.30 Uhr).

8 Triolet

Die größte hinduistische Tempelanlage auf Mauritius.

Rund zwei Drittel der Mauritier sind indischer Abstammung, rund die Hälfte der Bevölkerung vertraut dem hinduistischen Pantheon, dem eine Vielzahl von Gottheiten in unterschiedlichsten Erscheinungsformen angehören.

Einer der bemerkenswertesten Tempel der hinduistischen Glaubensgemeinschaft steht in Triolet, das von der Küste aus nach wenigen Kilometern landeinwärts erreicht ist. Die Hauptstraße durch das auffallend indisch geprägte Städtchen sollte man jedoch während der täglichen Rushhour unbedingt vermeiden.

Am besten geht man zu Fuß und ohne nervenaufreibenden Stau zur Hauptattraktion über die Shivala Street, einer Einbahnstraße. Der 1891 errichtete **Maheswarnath Shiv Mandir** ist das größte Heiligtum unter den insgesamt 125 Hindu-Tempeln auf Mauritius. Wahrlich imposant und strahlend weiß ragt das blockhafte Gebäude im Zentrum der idyllischen Anlage auf, über und über verziert mit bunten Ornamenten, floralen Bändern, Mustern und einzelnen Blattformen. Über einem breiten Treppenpodest

Kleine hinduistische Götterkunde

Cavadee – ein Joch, das die hinduistischen Pilger zum Büßerfest Cavadee im Januar/Februar tragen

Durga – eine Erscheinungsform von Shiva-Gattin Parvati, reitet auf einem Tiger

Ganesh – der elefantenköpfige Gott, Sohn von Shiva und Parvati, zuständig für Weisheit und Wohlstand

Hanuman – der Affengott und General der Affenarmee aus dem indischen Helden-Epos Ramayana

Kali – Furcht erregende Erscheinungsform von Parvati, der Frau Shivas

Kanwar – ein mit Verzierungen geschmücktes Bambusgestell, das beispielsweise beim Maha-Shivaratree-Fest dem Meer und den Göttern übergeben wird

Krishna – eine bekannte Inkarnation von Vishnu

Lakshmi – die Gemahlin von Vishnu und als Göttin zuständig für Schönheit, Wohlstand und Glück

Lingam – phallisches Symbol für die Energie Shivas, meist im Tempelzentrum platziert

Mandir – hinduistischer Tempel

Murugan – der Sohn Shivas (auch als Skanda und Kartika bekannt)

Nandi – Stier und Reittier Shivas

Parvati – die Gemahlin Shivas und Göttin (auch Durga)

Rama – Held im Epos Ramayana und eine der Wiedergeburten von Vishnu

Shiva – der Retter der Menschheit und Zerstörer des Bösen, einer der drei wichtigsten Götter im hinduistischen Pantheon nach Brahma, dem Weltenschöpfer, und Vishnu, dem Erhalter

Nandi mit Kopftuch – auch Shivas Reittier wird liebevoll geschmückt

liegt ein Loggienbau mit mächtigen Pfeilern, die an ihren Schmalseiten jeweils mit einem Säulenpaar verziert sind. Den Vorbau bewacht Shivas Reittier Nandi, dessen ›Rasse‹ manchmal nur zu erahnen ist – meist ist es als Stier dargestellt. Dahinter erhebt sich der würfelförmige Baukörper des **Haupttempels**, geschmückt mit nischenähnlichen Segmenten, die wichtige Hindu-Götter bevölkern. Obenauf sitzt eine umgitterte, mit einem mehrfarbigen Ziergefäß bekrönte Kuppel.

Vor dem Besuch des Tempels sind die Schuhe auszuziehen. Im schlichten *Inneren* ist im Zentrum des Raumes Shivas phallisches Symbol, der *Lingam*, mit einem roten Tuch bedeckt. Davor verbreiten Öllampen und Sandelholz-Stäbchen den typischen, angenehmen Tempelduft. In den Ecken wachen weitere Götter: rechts vom Eingang die Frau Shivas, *Parvati*, links sein Sohn, der elefantenköpfige Gott *Ganesh*, hinten an der Wand *Lord Kartika* (Murugan).

Um den Hauptschrein zu Ehren Shivas sind weitere kleinere Tempel gruppiert, in denen auch Vishnu, Krishna und Ganesh gehuldigt wird. Falls der Tempelwächter oder Priester dem Besucher auf Wunsch die verschiedenen Tempelfiguren erläutert, ist eine kleine Spende selbstverständlich.

Zum spektakulären Büßerfest *Thaipoosam Cavadee* im Januar/Februar kann man im Tempelhof Tausende von Hindus beim Kasteien und Beten beobachten [s. S. 93].

9 Grand Baie

Amüsement und beste Ferienstimmung in einer reizvollen Bucht der Nordwestküste.

Weiße Jachten und Katamarane blitzen in der weiten blauen Bucht, Urlauber genießen ihre Happy-Hour-Cocktails mit Blick auf den Jachtklub. Der prächtige Schoner ›Isla Mauritia‹ hisst seine rostbraunen Segel, ein Wasserskiläufer saust winkend vorbei. Schatten spendende Palmen und Filaos stehen an den Stränden, wo bunte Surfsegel im Wind flattern, lilafarbene Bougainvilleen in allen Hotelgärten blühen.

Der erste Badeort auf Mauritius, keine 20 km von der Hauptstadt entfernt, hat sich an manchen Ecken seine unaufgeregte und legere Atmosphäre aus den Zeiten bewahrt, als er noch ein ruhiges kleines Fischerdorf war. Doch Grand Baie (rund 12 000 Einw.) hat sich zu einem wahren Tourismuszentrum entwickelt, weshalb in den letzten Jahren zahlreiche

Mittagstisch im Restaurant des Royal Palm unter freiem Himmel mit Blick auf die Grand Baie

Kopfüber: waghalsiger Sprung von Bord der ›Isla Mauritia‹ in den tiefblauen Indischen Ozean

Hotelneubauten entstanden sind, die sich nicht immer angemessen ins Stadtbild integrieren, auch das von Ferne azurblaue bis türkisfarbene Wasser ist mancherorts etwas getrübt.

Kaum ist man im Ortszentrum, das leicht an Bank, Supermarkt, Restaurants, Boutiquen und Autoverleih zu erkennen ist, und schlendert den **Sunset Boulevard** entlang, ist Grand Baie City auch schon durchquert. Kein Ort, für den man unbedingt ein Abendkleid oder den Smoking einpacken muss – es sei denn, man logiert in einem noblen Hotel.

Côte d'Azur am Indischen Ozean

Die ›Große Bucht‹ zieht sich über mehr als 5 km zwischen Pointe aux Canonniers und dem Örtchen Péreybère an der Nordwestküste entlang – die meisten Strandabschnitte sind von Hotels belegt, besonders in der nördlichen Ecke. Hier bleiben die Urlauber tagsüber unter sich, bis auf einige fliegende Händler, die ihr Glück mit Strandtüchern und T-Shirts versuchen, und erst am späten Nachmittag bricht alles zum Bummeln ins Zentrum auf. Auch viele (französische) Individualreisende oder weltumsegelnde Globetrotter bevorzugen Grand Baie als Urlaubsort, denn die Auswahl an Ferien-

apartments ist mittlerweile schier unerschöpflich – den Anfang hatte das *Merville Hotel* gemacht, das in den 1970er-Jahren als Erstes in Grand Baie seine Pforten öffnete. Manch ein Mauritier spricht vom »kosmopolitischen Grand Baie«, der »Côte d'Azur von Mauritius«.

In seinem Kern ist der Ort noch untrügerisch mauritisch, vor allem am Wochenende: Familien entspannen sich unter Filaos auf den Bänken an der Promenade, einige haben hier ihre Zelte aufgeschlagen. Schweift der Blick über die Bucht nach Süden ins Hinterland, trifft er in der Ferne auf die markanten Berge Pieter Both und Le Pouce. Bei Sonnenuntergang schallen vom Hindu-Tempel hinter ihnen die Gebete herüber. Um diese Zeit füllen sich dann auch die Bürgersteige, in Grand Baie haben die meisten Geschäfte bis spät in den Abend geöffnet: diverse Schiffsmodelle, Bikinis und T-Shirts, Schmuck, CDs und naiv anmutende, typisch mauritische Gemälde in allen Regenbogenfarben warten auf neue Besitzer. Nicht jedes feilgebotene Kunsthandwerk stammt tatsächlich aus Mauritius – man sollte sich genau nach dem Herkunftsland der Schnitzereien erkundigen, wenn sich das ›echt mauritische‹ Souvenir nicht als eigentlich indonesisch entpuppen soll.

Schnellboote auf der Lauer – Grand Baie ist ein Zentrum des vergnügten Badetourismus

Schicke Klubs und Selbstkasteiung

Die enge Fahrbahn an der Uferpromenade verstopft in den Abendstunden allmählich, Pop und Seggae dröhnen aus Autos und Geschäften. Langsam sammeln sich Mauritier wie Urlauber, um sich nach dem Abendessen oder einem exotischen Cocktail ins Nachtleben zu begeben. Grand Baie bietet zahlreiche Möglichkeiten, um sich beim Tanzen zu amüsieren, etwa im *Le Bambou* (Tel. 263 50 77, nur Mi/Fr/Sa), in der *No. One Disco* (Tel. 263 84 34) oder im angesagten *Buddha Club* (Tel. 263 76 64). Zweifellos hat Grand Baie die höchste Konzentration an Bars und Restaurants auf der gesamten Insel, am meisten los ist am Wochenende, wenn die Jugendlichen aus allen Himmelsrichtungen nach Grand Baie strömen, wo sie bis zum Sonnenaufgang schwofen und feiern.

Als besinnliches Kontrastprogramm lohnt der Besuch des Tempels **Vadapazhanee Murugan Kovil** (tgl. 6–18 Uhr) an der Hauptstraße, der 1967 errichtet wurde und dem Kriegsgott und Shiva-Sohn *Murugan*, auch Kartika und Skanda genannt, geweiht ist. Beachtenswert ist vor allem der kunterbunte *Gopuram*, ein rechteckiger Tempelturm über dem Eingang, den kunstvolle Götterfiguren in reicher Zahl bevölkern. Sie stehen, hocken oder lehnen in teils lässiger Haltung an den scharfen Profilen, Ecken und Gesimsen und wurden von Künstlern der Chennai School of Fine Arts in Madras/Südindien geschaffen.

Besonders viele Hindus zieht es hierher zu den Festen *Aadi Khartigai* (August) und *Skanda Shasti* (November), doch der größte Ansturm der Gläubigen und Büßer findet am *Thaipoosam Cavadee* (Januar/Februar) statt, wenn die Hindus mit Selbstkasteiungen und Gebeten ihren

Abendliche Traumkulisse für das tägliche Dîner: das noble Royal Palm verwöhnt seine Gäste

Gott Murugan um Vergebung all ihrer Sünden bitten: etwa mit dem Tragen eines schweren Holzgestells – dem Cavadee – und in die Haut gesteckten Nadeln [s. S. 93].

Vergnügungen in und auf dem Meer

Wer im Urlaub möglichst viel unternehmen will – über und unter Wasser – ist in Grand Baie am richtigen Platz. Allein die Auswahl an maritimen Ausflügen ist riesengroß. Der Renner unter den hiesigen Aktivitäten ist der **Undersea Walk** – wenngleich inzwischen die Unterwasser-Spaziergänger auch in anderen Badeorten wie z. B. Belle Mare vor der Küste von Mauritius wandeln können. Ein anderer empfehlenswerter Ausflug bringt die Urlauber an Bord des Zweimastschoners ›**Isla Mauritia**‹ (Info: Yacht Charter, Coastal Road, Grand Baie, Tel. 263 83 95, www.isla-mauritia.com) zu abgelegenen Schnorchelplätzen an der Nordwestküste und vermittelt Piratenfeeling bei Sega-Rhytmen, Fischcurry und Seemannsgesängen. Das 1852 auf Mallorca erbaute Segelschiff (32 m lang) war 1959 unter mysteriösen Umständen gesunken. Nach einer Totalrestaurierung fand das Schiff Verwendung in diversen Abenteuerfilmen, segelte zwischen Europa und der Karibik hin und her, bis es

TOP TIPP

schließlich 1989 den Indischen Ozean durchquerte und in Mauritius seine neue Bestimmung fand – nach Millionen von Seemeilen eine Grande Dame der Schifffahrtsgeschichte und noch lange nicht im Ruhestand.

Der wasserscheue Urlauber muss in Grand Baie überhaupt nicht nass werden, um faszinierende Tauchgründe zu erkunden, er kann einfach einsteigen ins ›**Le Nessee**‹ (Royal Road, Grand Baie, Tel. 670 43 01). Mit dieser Unterwassergondel sind die Wunder des Indischen Ozeans trockenen Fußes zu bestaunen. Oder man schwebt auf einer 45-Minuten-Fahrt mit dem U-Boot **Blue Safari Submarine** (Tel. 263 33 33, www.blue-safari.com) vorbei an Wracks, Korallengärten und bunten Fischschwärmen. Sogar nachts kann man damit die glitzernde Unterwasserwelt im Licht der Scheinwerfer betrachten. Nicht zu vergessen sind die **Glasbodenschiffe**, von denen sich bequem die Unterwasserfauna bestauen lässt.

Kleine Bucht im Norden

Knapp 4 km vom Ortszentrum Grand Baie entfernt, mausert sich im Norden der kleine Strand bei **Péreybère** zum Ziel derer, denen Grand Baie schon zu touristisch ist. Kleine Läden und Galerien, ein paar Restaurants, Bars und Ferienhäuser

Undersea Walk

An Bord sind alle in gespannter Erwartung, alle sehen martialisch aus: Neoprenanzug oder Badeanzug mit kiloschwerem Bleigürtel um die Hüften, dazu Gummi-Boots und ein 40 kg schwerer Helm auf den Schultern. Die Unternehmen werben damit, dass ›alle und jedermann‹ an dem Unterwasser-Spaziergang teilnehmen können, man muss nicht einmal schwimmen können. Der Ausflugsleiter setzt jedem einen wasserdichten und mit den Sauerstoffflaschen auf der Tauchplattform verbundenen Helm auf, auch Kontaktlinsen oder Brillen können aufbehalten werden, dann geht's unter Wasser – auf den Grund der 3–4 m tiefen Lagune.

Dort angelangt, nehmen sich die **Unterwasser-Spaziergänger** an die Hand und bewegen sich langsam vorwärts. Es ist wie Laufen auf dem Mond, Tauchen und Schlafwandeln in einem. Tatsächlich werden auch Astronauten auf diese Weise ausgebildet. Blasen steigen auf, es blubbert im Helm. Manchem der Teilnehmer ist das unheimlich, andere tänzeln durch das Wasser, fast schwerelos und wie in Zeitlupe. Das Füttern der Fische oder Anfassen von Korallen und Muscheln ist verboten,

aber Staunen ist erlaubt. Plötzlich ist die Gruppe von Hunderten von Fischen umzingelt: ein Schwarm schwarz-weiß Gestreifter, einzelne Exemplare in Rosa, andere in Regenbogenfarben und einige mit feuerroten Streifen. Tintenfische schweben über den **Korallengärten**, Weichkorallen wiegen sich in der Strömung. Und um den unvergesslichen Moment für die Zukunft festzuhalten werden ab und an vom Veranstalter Fotos gemacht.

Was doch für eine Ruhe hier unten herrscht! Eine Szenerie fast wie in einem Abenteuerroman von Jules Verne – wie in ›Zwanzigtausend Meilen unter dem Meer‹, wo Kapitän Nemos Mannschaft den Meeresboden bestellte, um die Besatzung der Nautilus mit Lebensmitteln zu versorgen. Nach ca. 20 Minuten ist der Spaziergang vorbei und die Teilnehmer werden wieder ans Ufer zurückgebracht.

Captain Nemo's Undersea Walk Ltd., Coastal Road, Grand Baie, Tel. 263 78 19; in Black River, Tel. 263 30 77, in Belle Mare, Tel. 423 88 22, www.solar seawalk.net **Mauritius Attractions**, Royal Road, Grand Baie, Tel. 269 03 33, http://mauritiusattractions.com

haben sich entlang der Küstenstraße und im Hinterland angesiedelt. Einige Strandhändler und Beach Boys plaudern mit Urlaubern unter Kasuarinen, Kajaks stehen bereit zur Spritztour ins funkelnde Nass. Im Norden kann man die flachen Felsen erklimmen und in Ruhe die Aussicht auf das Treiben genießen – oder selbst zum Schnorcheln am Riff ins Wasser steigen. Die Taucher rund um Grand Baie treffen sich gerne an den drei Wracks ›Silver Star‹, ›Amar‹ und ›Star Hope‹ (alle in 22–40 m Tiefe), die auch viele farbenprächtige Fische anlocken.

ℹ️ Praktische Hinweise

Hotels

Bella Vista, Royal Road, Grand Baie, Tel. 263 84 89, www.bellavista.mu. Preiswertes Minihotel an Ministrand. Zwölf ordentliche Zimmer und vier Apart-menthäuser mit Klimaanlage. Meerblick vom Balkon, gutem Restaurant und Tennisplatz.

Hibiscus Village, Péreybère (am südlichen Ortseingang), Tel. 263 85 54, www.hibiscushotel.com. Beste Adresse in diesem Ort: kleines ruhiges Strandhotel mit 15 gut ausgestatteten Zimmern und einem viel besuchtem Strandrestaurant über dem Meer (kreolisch und europäisch) sowie Spabereich und einer eigenen Tauchschule.

Le Mauricia, Royal Road, Grand Baie, Tel. 209 11 00, www.lemauricia-hotel. com. Wunderschönes, zentral gelegenes Hotel der oberen Mittelklasse, herausragend dank seinem sehr gutem Service. Legere Atmosphäre, schmaler Strand, zwei Pools, viele Wassersportmöglichkeiten, außerdem Wellness-Center und Wassertherapiezentrum, zwei exzellente Restaurants, mit Köstlichkeiten aus der regionalen und internationalen Küche.

Lux* Merville Beach, Grand Baie, Tel. 209 22 00, www.luxislandresorts. com. Eines der ersten Häuser auf der Insel mit hellen Balkonzimmern in einem vierstöckigen Hotelbau und Ferienhäusern an einer idyllischen Bucht mit langem feinkörnigem Sandstrand.

Ocean Villas, Royal Road, Grand Baie, Tel. 263 30 39, www.ocean-villas. com. Mediterran anmutende Anlage in ruhigem Palmengarten am kleinen Privatstrand mit preiswerten, zweistöckigen Apartmenthäusern (für bis zu acht Personen), eigenem Supermarkt, Frühsücksrestaurant, Pool und Jacuzzi.

TOP TIPP **Royal Palm**, Royal Road, Grand Baie, Tel. 209 83 00, www.royal-palm-hotel.com. Einfach ein Traum: Das Tophotel bietet nicht nur Weltstars ein Luxusleben in 66 geräumigen Zimmern, 16 Suiten und einem Penthouse – und jede Menge ›Privacy‹ sowie ein romantisches Freiluftrestaurant, weißer Sandstrand selbstverständlich inklusive.

The Beach Club, Péreybère, Tel. 269 05 79, www.le-beachclub.com. Studios und Apartments direkt an der kleinen gleichnamigen Badebucht.

Piratenflair auf der ›Isla Mauritia‹ – auch das bietet das bekannte mauritische Segelschiff

Insel im Norden

Rund 5 km weiter im Norden als Coin de Mire liegen die Inseln **Flat Island** (Île Plate, dicht bewachsen, mit schönen Stränden und Leuchtturm) und die nur rund 100 m davon entfernte **Îlot Gabriel**. Beide sind beliebte Ziele der Jacht-Ausflügler und Schnorchler aus den verschiedenen Badezentren im Norden von Mauritius.

Etwa 20 km nordöstlich von Mauritius treiben zwei von Wind und Wetter merkwürdig geformte Inselchen im Indischen Ozean: **Round Island** (Île Ronde) und die Schlangeninsel **Île aux Serpents**. Allein von ihrem Namen sollte man sich kein Bild machen, denn weder ist die ›Runde Insel‹ rund noch gibt es Schlangen auf der ›Schlangeninsel‹ – denn die leben wiederum auf Round Island.

Im Gegensatz zur kahlen Île aux Serpents ist Round Island die interessantere Insel, ein steilwandiges Paradies für Ökologen, die hier eine Forschungsstation betreiben. Auf diesem schroffen, 154 ha großen und isolierten Eiland im Meer wachsen noch die letzten Exemplare der **Hurrikaine-Palme**, der Talipot-Palme [s. S. 54] und die seltene, auf klobigem ›Fuß‹ stehende Flaschenpalme sowie die etwas häufiger vorkommende **Pandanus-Palme**. Letztere ist leicht an ihren Luftwurzeln und ihrem buschigem Blattwerk zu erkennen. Vom Aussterben bedrohte weißschwänzige Wasservögel finden hier Plätze zum ungestörten Nisten zwischen den Felsen, endemische Reptilien wie die 1,5 m lange **Keel-scaled Boa** und der graubraun bis graugrün gefärbte **Gunther's Gecko** sind weltweit nur noch auf diesem Fleckchen Erde anzutreffen.

Seit 1984 stehen die beiden Eilande unter Naturschutz und lediglich Ökologen ist der Zutritt erlaubt – und selbst sie müssen ihre Schuhe vor dem Betreten ausleeren und abklopfen, um nicht etwa fremde Samen auf das empfindliche Biotop einzuschleppen. Doch die Wissenschaftler sind zuversichtlich: Das Ökosystem erholt sich langsam.

Zum Greifen nah – die Insel Coin de Mire liegt in Sichtweite von Cap Malheureux

Hübsches Fleckchen Erde: die Kapelle Notre-Dame mit ihrem roten Dach am Cap Malheureux

Restaurants

Chez Roland, L'Auberge des Songes, Royal Road, Péreybère, Tel. 262 83 26. Eine angenehme Bar und ein Restaurant mit vorwiegend mauritischen Gerichten.

La Goélette, Grand Baie, im Hotel Royal Palm, Tel. 209 83 00, www.royalpalm-hotel.com. Genießt den Ruf als eines der besten Restaurants der Insel, unter der Leitung des preisgekrönten Küchenchefs Michel de Matteis entstehen raffinierte Gerichte der mauritischen und internationalen Küche. Und eine grandiose Aussicht auf den Indischen Ozean gibt es noch dazu.

La Pagode, Royal Road, Grand Baie, Tel. 263 87 33. Das preisgünstige Chinalokal im trubeligen Zentrum serviert auch europäische Gerichte (tgl. 10.30–15, 18–22.30 Uhr).

Le Capitaine, Grand Baie (nahe der Polizeistation), Tel. 263 68 67. Open-Air-Lokal am Meer, vor allem preiswerte Fische und Meeresfrüchte auf einheimische Art zubereitet. Und es gibt Billardtische (Mo–Sa 9.30–24 Uhr).

Phil's Pub, Royal Road, Grand Baie, Tel. 263 85 89. Beliebter Inseltreffpunkt: Hier isst man Gegrilltes mit frischen Salaten.

Sunset Café, Sunset Boulevard, Grand Baie, Tel. 263 96 02. Café mit kleinen Snacks und Eis, auf der Veranda sitzend lässt sich das muntere Treiben im Jachthafen entspannt beobachten (tgl. 8.30–18.30 Uhr).

10 Coin de Mire und Cap Malheureux

Tragödien am Nordkap von Mauritius und hinduistische Reinigungsbäder.

Auf dem Weg zum Nordkap von Mauritius passiert man den schmalen Strand Coin de Mire, wo oft die Gäste des gleichnamigen Hotels mit Tretbooten oder Kanus im flachen Wasser unterwegs sind. Kurz darauf erscheint auf grüner Wiese ein idyllischer Friedhof mit vereinzelt liegenden Gräbern. Schön ist der Blick von hier auf das Meer und hinaus zur unbewohnten Insel **Coin de Mire**, die in ihrer Form einer Robbe ähnelt, die ihre Nase aus dem Wasser reckt. Derart eigentümlich geformt, im Osten flach, im Westen aber steil ansteigend und dann abrupt abbrechend in einer 163 m hohen Steilküste, liegt das Eiland etwa 4 km vor der

*Malerischer Platz für die Andacht –
Hindu-Schrein an der Bucht Anse la Raie*

mauritischen Küste. Ausflügler im Katamaran nehmen diese markante Silhouette tagtäglich ins Visier ihrer mitgebrachten Kameras.

TOP TIPP Wieder auf dem Festland, taucht hinter einer Kurve alsbald die kleine Kapelle **Notre-Dame Auxiliatrice** auf. Mit ihrem knallroten, tief heruntergezogenen Satteldach, dem kecken Giebel- und dem frei stehenden Glockentürmchen ist auch sie ein gesuchtes Fotomotiv. Nun ist die einst so berüchtigte Inselspitze erreicht, das **Cap Malheureux**. Nicht wenige Schiffe kollidierten hier mit dem Riff und sanken. Das wohl größte Unheil brachte das besagte Kap den Franzosen: Die Engländer landeten am 2. Dezember 1810 an der nördlichsten Spitze von Mauritius nach einer mehrtägigen erbitterten Seeschlacht mit den Franzosen, um in den Besitz der Insel zu kommen. Nur einen Tag später mussten die Franzosen den Kapitulationsvertrag annehmen. Heute herrscht am Kap träge Ruhe, besonders am frühen Morgen. Der kleine schmale Streifen Sand vor der malerischen Kirche ist in Privatbesitz, einige Fischer hämmern an ihren Kähnen, zwei Muschelverkäufer versuchen ihr Glück mit den ersten Touristen auf Erkundungsrundfahrt.

Bei der Weiterfahrt auf der B 13 über die **Anse la Raie** bietet sich ein Stopp am *Pointe Madras* an. In der weit geschwungenen Bucht rauscht der Wind durch die Kasuarinen und lässt die Fischerboote auf den Wellen tanzen. Einige Fischer ziehen am Abend ihre Netze hinter sich her durch das seichte Wasser. Am westlichen Ende leuchten die weißen Villen des *Paradise Cove Hotels*. In der östlichen Ecke der Bucht steht ein kleiner, dem Elefantengott Ganesh und Vatergott Shiva gewidmeter *Schrein* – bunte Gestalten der hinduistischen Mythologie bevölkern das pagodenförmige Dach, während am Boden zwei plastische, mehrarmige Figuren mit eigenartigen Kopfbedeckungen – Mitren ähnlich – die der Besucher Blicke auf sich ziehen.

An hinduistischen Feiertagen wie dem *Maha-Shivaratree-Fest* im Februar/März versammeln sich hier zahlreiche Gläubige. Doch die meisten kommen zu *Ganga Asnan* im Oktober/November ans Meer: Das Fest dient dem Gedenken des heiligen indischen Flusses Ganges und seines göttlichen Ursprungs. Die Fluten des bedeutenden Flusses geben den Hindus aus aller Welt bekanntlich die Möglichkeit, sich von ihren Sünden rein zu waschen. Doch dazu müssen die Mauritier nicht unbedingt nach Indien pilgern: Da der Ganges im Indischen Ozean mündet und sein Wasser somit auch die Küste von Mauritius umspült, strömen die mauritischen Hindus zu Tausenden an ihre eigene Landesküste. Die Gläubigen nehmen hier ein reinigendes Bad, sprechen Gebete und übergeben kleine Opfergaben und bunte *Kanwar*-Gestelle dem offenen Meer und den Göttern – um so deren erhofften Segen zu erhalten [s. S. 93].

ℹ **Praktische Hinweise**

Hotels

Coin de Mire, Royal Road, Bain Bœuf, Tel. 204 99 00, www.coindemire-hotel.com. Ruhiges Haus mit 75 Zimmern (teils mit Ventilator), zwei Pools. Jenseits der Straße liegt ein schmaler Strand mit Wassersportmöglichkeiten.

Kuxville, Cap Malheureux, Tel. 262 88 36, www.kuxville.de. Apartments und unterschiedlich große Strandvillen sowie Bungalows (mit Haushälterin).

Einige liegen am Strand, der mit Lavagestein durchsetzt ist, einige jenseits der Küstenstraße. Mit Tauchschule.

Le Paradise Cove & Spa, Anse la Raie, Tel. 204 40 00, www.paradisecovehotel.com. Nobles und intimes Etablissement der Meridien-Kette. Schneeweiße zweistöckige Villen liegen um eine Mini-Lagune, hinzu kommen kleine private Strände in Felsbuchten.

Restaurants

Kanaco, Royal Road (nahe dem Friedhof), Cap Malheureux, Tel. 262 83 78. Familiäres Lokal mit kreolischer Hausmannskost und internationaler Küche.

Le Capre, La Ligne Road (beim Busbahnhof), Cap Malheureux. Kleines Restaurant, das auf Meeresfrüchte und mauritische Küche spezialisiert ist. Die farbenfrohen Bilder an den Wänden kann man auch käuflich erwerben.

11 Goodlands und Poudre d'Or

Zuckerrohr, Seefahrer und Piraten.

Die Fahrt führt weiter gen Süden, teils an der Küste entlang, teils durch Zuckerrohrfelder nach **Grand Gaube**, das sich als winziger Fischerort an einer fast kreisrunden Bucht entpuppt: mit einem Hindu-Tempel mitten im Zuckerrohrfeld

und zwei Hotels für Urlauber, die Ruhe statt Trubel suchen. Und im Dorf können die Besucher den Pirogue-Schiffsbauern in der Werkstatt nahe der Kirche über die Schulter schauen.

Die Straße ins Landesinnere zieht sanft auf und ab schwingend durch weite Zuckerrohrplantagen Richtung Goodlands, dem größten Ort des Nordens. An den immer wieder auftauchenden Überresten von Kaminen einstiger Zuckerrohrfabriken lässt sich erkennen, wie ausgeprägt dieser Wirtschaftszweig hier im Norden der Insel einst war – und noch immer ist: Anders als auf der übrigen Inselfläche ist hier die Landschaft weithin flach bis hügelig (bis hin zu den Nicolière-Bergen, tief im Landesinneren, vgl. Nr. 13) und daher für den Anbau dieser Nutzpflanze bestens geeignet. Während der Zuckerrohrblüte ab Mai sieht der Reisende im Auto manchmal nur noch haushohe grüne Pflanzenwände – bekrönt von silbergrauen Büscheln –, durch die man wie in einem Tunnel steuert und sich nicht selten verfährt. Die ältesten und damit bekanntesten Zuckerrohrplantagen auf Mauritius liegen um Belle Vue Harel beim nahe gelegenen Ort Mapou und Mon Loisir bei Belle Vue Maurel.

Im indisch geprägten Städtchen **Goodlands**, das von der Küste 4 km entfernt liegt, besuchen täglich bis zu 100 Urlauber die größte Modellschifffabrik des Landes, **Historic Marine** (Mo–Fr 9–17, Sa/So 8.30–12 Uhr, Tel.

Windjammer und Schoner unter gläsernem Sturz – Historic Marine in Goodlands

283 93 04, www.historic-marine.com). Ihre Modellausstellung historischer Windjammer und Schoner wirkt in der Tat überaus anziehend, denn wer wollte nicht schon immer einmal eintauchen in die Welt von Piraten und Entdeckern.

Die 1982 gegründete Firma erhält Bestellungen aus aller Welt. Aus importiertem Teakholz und Mahagoni zaubern die 125 Angestellten in mühsamer Kleinarbeit nach Originalplänen die Modelle – Kriegsschiffe aus dem 19. Jh., wie die ›U.S. Constitution‹ aus dem Englisch-Französischen Krieg (1812–14), oder den Rad-dampfer ›Mississippi‹, die ›Saint Géran‹, die vor Mauritius sank, die ›Red Dragon-Dschunke‹ aus dem Südchinesischen Meer, die majestätische ›Wasa‹ aus Schweden, den italienischen Trainingsschoner ›Amerigo Vespucci‹, Captain Blighs legendären Dreimaster ›Bounty‹, der von den Meuterern 1789 in der Südsee in Brand gesetzt wurde, und, nicht zu vergessen, Captain Cooks ›Endeavour‹. Auch deutsche Seefahrer und Amateurkapitäne kommen auf ihre Kosten: Ausgestellt sind die ›Gorch Fock‹ sowie die aus dem 17. Jh. stammenden

Ende mit Schrecken im Jahr 1800 – Robert Surcouf und seine Mannen entern den englischen Dreimaster ›Kent‹

Berüchtigte Piraten und sagenhafte Schätze

»Mein Schatz gehört dem, der dies versteht.« Kurz bevor der berüchtigte Pirat Olivier le Vasseur, genannt ›La Buse‹ (der Bussard), am 7. Juli 1730 auf der Insel Bourbon (Réunion) gehängt wird, wirft er mit diesen Worten einen Zettel in die Menge, die vor dem Schafott auf seine Hinrichtung wartet. So sagt es jedenfalls die Legende. Der Schatzplan gelangte später in die Hände des Korsaren Bernardin Nageon de L'Estang, ›Le Butin‹, und in dessen Hauptquartier auf Mauritius, wo auch er seine Schatztruhen vergraben haben soll – in Briefen verriet er die Orte: Vieux Grand Port und Vacoas.

Der Indische Ozean wimmelte zu jener Zeit vor Seeräubern, die sich ab 1710 auch auf Mauritius ansiedelten. Ihr Hauptstützpunkt war jedoch **Madagaskar**, wo sie mit Libertalia eine eigene Freibeuterrepublik ausgerufen hat-ten. Sie lauerten vor allem den britischen Schiffen auf deren Indienroute auf und stahlen die kostbare Fracht: edle Seide, Gewürze und Gold. Die Bewohner von **Mauritius** (damals: Île de France) waren durch das lukrative Freibeutertum durchaus zu angesehenen Handelsleuten geworden, vor allem die Amerikaner kamen den weiten Weg über den Atlantischen Ozean, um das Diebesgut zu erstehen. Die Mauritier nannten sich verharmlosend **Corsaires** (Korsaren) und bedienten sich eines Freibriefs der französischen Regierung, der ihnen den Status von Kriegsführern gegen das englische Königreich verlieh. Einer der erfolgreichsten mauritischen Korsaren war **Robert Surcouf**, der Schrecken der englischen Kapitäne. Etwa 50 Schiffe hatten der ›König der Korsaren‹ und seine Mannen gekapert. Die britische East India Company hatte sogar ein hohes Kopfgeld auf ihn ausgesetzt, doch der Seeräuber starb 1827 als vermögender Reeder in St. Malo eines natürlichen Todes.

Lange Zeit grassierte auf Mauritius das **Schatzfieber** unter den Nachfahren. Früher traf man sich bei Séancen, um die Toten nach der Lage der Verstecke zu befragen, im 20. Jh. beschäftigten sich Archäologen ernsthaft mit dem Thema: Die Wissenschaftler versuchten, die Briefe und Karten zu entziffern, und gruben an diversen vermuteten Schatzplätzen, wie der **Baie du Tombeau** im Nordwesten, bei **Trou d'Eau Douce** (Ostküste) sowie bei **Tamarin** und **Petite Rivière Noire** im Südwesten.

Im Gebiet um Poudre d'Or sollen übrigens noch weitere Kostbarkeiten aus dem La Buse-Schatz vergraben sein.

Schoner ›Wappen von Hamburg‹ und ›Berlin‹. Besonders elaborierte Modelle sind die prächtige ›Sovereign of the Seas‹ der britischen Flotte, eines der ältesten Segelschiffe aus dem 17. Jh., und die französische ›Royal Louis‹ mit insgesamt 120 Kanonen an Bord.

Besonders beachtenswert sind die aufwendigen Bronzearbeiten an diesen Miniaturschiffen, die Wappen, Kanonen, Bugfiguren, die Besegelung und Vertäuung – alles detailgetreu bis ins Kleinste modelliert und fabriziert. Bis zu fünf Monate Arbeit steckt in den kleinen, nicht gerade billigen Kunstwerken, die man hier auch erwerben kann. Die Preise liegen durchweg höher als bei den in Mauritius allerorten angebotenen Modellschiffen – doch ein Blick auf diese Meisterwerke, insbesondere die qualitätvollen Details, überzeugt. Die Schiffe werden auf Wunsch in Holzkisten verstaut und an die Heimatadresse geschickt bzw. für die Flugreise sicher verpackt. Weitere empfehlenswerte Werkstätten befinden sich in Curepipe [Nr. 35] und ebenso in Pamplemousses.

Wer in der Historic Marine nun Feuer gefangen hat für die Geschichte alter Seemänner, Haudegen und Piraten, der sollte auch einen kurzen Abstecher ins nahe gelegene (6 km) **Poudre d'Or** machen. Das Dorf an der Nordostküste taucht in historischen Dokumenten der Staatsarchive wie auch in Legenden als mögliches Versteck für etwaige *Piratenschätze* auf. Kein Wunder, lautet der Name des Ortes übersetzt doch ›Goldstaub‹! In den 1950er-Jahren stolperte ein Bauer zufällig bei *Belmont*, etwas nördlich von Poudre d'Or, über einen kleinen Koffer voller Goldmünzen. Seitdem graben und tauchen hier und zudem auf der vorgelagerten *Île d'Ambre* Schatzsucher aus aller Welt nach Preziosen: Dabei kamen bei einer Expedition in den 1960-er Jahren zwar das Wrack der ›Saint Géran‹ [s. S. 74] und ein paar Münzen zutage, aber das war's dann auch schon mit den begehrten Schätzen. Vielleicht bezieht sich Poudre d'Ors verheißungsvoller Name ja doch nur auf die Farbe des traumhaft schönen hiesigen *Strandes*. Von den Sitzbänken am *Denkmal* für die 1744 vor der Küste gesunkene ›Saint Géran‹ aus kann der Reisende den weiten Blick auf das offene Meer genießen und noch ein bisschen im Schatzfieber schwelgen – oder selbst Pläne zur Schatzsuche schmieden.

Filigran und zeitaufwendig ist die Arbeit der Modellschiffbauer in der Historic Marine

ℹ️ Praktische Hinweise

Hotel

Lux* Grand Gaube, Pointe Réjane, Grand Gaube, Tel. 204 91 91, www.luxislandresorts.com.com. Das nach dem chinesischen Feng-Shui-Prinzip erbaute Hotel empfängt seine Gäste in 200 Zimmern, Suiten und einer Präsidenten-Villa mit viel Holz, Stroh, Stein und Metall. Sogar Wasserbetten gibt es! Thalasso-Spa, Pool und ein feinsandiger Privatstrand in einer malerischen Bucht.

TOP TIPP

Veranda Paul & Virginie Hôtel & Spa Île Maurice, Coastal Road, Grand Gaube, Tel. 266 97 00, www.veranda-resorts.com. Reizvolles, abgelegenes Strandhotel, auch mit Bungalows. Großer Pool und Tennisplatz.

12 Pamplemousses

Den Botanischen Garten sollte kein Mauritiusurlauber versäumen – ein Garten Eden mit exotischer Farbenpracht, weltberühmt und artenreich.

Pamplemousses, rund 12 km nordöstlich der Hauptstadt gelegen, ist ein Muss für jeden Inselbesucher, denn der **Sir Seewoosagur Ramgoolam Botanic Garden Pamplemousses** (www.gov.mu/portal/site/ssrbg, tgl. 8.30–17.30 Uhr) ist eine der touristischen Hauptattraktionen der Insel – und das zu Recht. In dem herrlichen Park an der zentralen Mapou Road wandelt der Besucher auf schnurgeraden Palmenalleen, auf Spazierwegen vorbei an Fischteichen oder auf verschlungenen Pfaden unter Banyantrees mit faszinierendem Luftwurzelgeflecht. Die *Rivière Citron* und Kanäle schlängeln sich durch das üppig grüne Areal, wo kleine Pavillons und Bänke zur Rast einladen. Beste Besuchszeit ist wegen der größten Pflanzenpracht zwischen Dezember und April.

Geschichte Der Ort Pamplemousses und sein Park entstanden im 18. Jh., als sich der Gouverneur **Mahé de Labourdonnais** hier 1735/36 seinen Landsitz Chateau de Mon Plaisir mitsamt Gemüsegarten anlegen ließ. Der Garten wurde im Laufe der Jahre erweitert, zunächst ergänzt durch importierte medizinische Kräuter und Gewächse aus Europa und Asien, mit denen schließlich sogar die Krankenhäuser und französischen Handelsschiffe versorgt wurden. Mit dem Anbau von Orchideen für den Export nach Europa und vor allem von exotischen Gewürzen von den Molukken – wie Muskatnuss, Gewürznelke und Pfeffer – mündete das ursprünglich botanische Interesse an der Gartenanlage vollends in wirtschaftspolitisches. Auf diesem Wege sollte das damalige Gewürzmonopol der Holländer gebrochen werden. Ehrgeiziger Initiator dieses Projekts war ab 1768 *Pierre Poivre*, der Nachfolger Labourdonnais'. Von Pamplemousses aus brachte man die Gewürznelke ab 1818 nach Sansibar, das heute zu den führenden Exportländern zählt. Auch mit Zuckerrohr wurde in Pamplemousses experimentiert, dazu importierten die Mauritier im 19. Jh. verschiedene Arten aus Australien, Java, Trinidad und Guyana.

1988 erhielt der Royal Botanic Garden den Namen Sir Seewoosagur Ramgoolam (SSR), zur Erinnerung an den ›Vater

Kunstvolle Zier – das schmiedeeiserne Eingangstor des Botanischen Gartens Pamplemousses

Wahrlich imposant sind die wagenradgroßen Riesenblätter der Victoria Regia, der Wasserlilien

der Unabhängigkeit‹, den ersten Ministerpräsidenten von Mauritius, dessen Leichnam im Park in einer feierlichen Zeremonie verbrannt wurde.

Besichtigung 600 Pflanzenarten aus aller Welt, sogar aus dem Amazonasbecken, wurden auf dem 37 ha großen Gelände zusammengetragen. Allein die Vielzahl der verschiedenen **Palmenarten** beeindruckt: wuschlige und majestätische, kerzengerade und dickbauchige, spindeldürre und spiralförmige, fächerartige, gelockte und natürlich Kokosnuss und Betelnuss tragende. Ein Fünftel der Pflanzen ist endemisch, d.h. nur auf Mauritius zu finden. Sogar bis zu 300 Jahre alte Bäume sind in dem ›ältesten Botanischen Garten der südlichen Hemisphäre‹ beheimatet, ebenso Gewächse, die vom Aussterben bedroht sind oder waren, wie die mauritischen Ebenholzbäume.

Die Auswahl der Fotomotive scheint fast unbegrenzt – um die besten zu finden, braucht man weder Karte noch Führer: Wo ganze Reisegruppen verzückt in einer Reihe stehen und um die Wette knipsen, dort sind die botanischen Stars von Pamplemousses zu finden – der **Lotosteich** mit seinen mannshohen weißen oder rosafarbenen Blüten und nebenan die **Wasserlilien** vom Amazonas *(Victoria regia)* mit ihren gigantischen kreisrunden Blättern, die am Rand tablettförmig aufgebogen sind. Glück braucht man bei der exzentrischen **Talipot-Palme**, denn sie entfaltet im Alter von 30 bis 40 Jahren nur ein einziges Mal ihr prachtvolles Blütenwerk mit Millionen gelber Blütenblätter, danach stirbt sie ab.

Dem Parkbesucher wird jedoch nicht nur Augenschmaus geboten, auch die Nase kommt auf ihre Kosten. Die Führer zeigen nämlich wohlriechende Blätter, Hölzer und Wurzeln wie Zitrone, Eukalyptus, Ingwer und Zimt.

Die weiße **Kolonialvilla** mit der feingliedrig umlaufenden, doppelstöckigen Veranda – ein Nachbau des Labourdonnais-Landsitzes aus dem Jahr 1850 – dient heute als Sitz des Parkdirektors. Ab und zu wird hier alles auf Hochglanz gebracht, wenn ein hoher Staatsgast in den historischen Gemächern empfangen wird. Wie einst die englische Prinzessin Margaret, die 1956 im botanischen Garten einen Guavenbaum ins Erdreich setzte, oder Indira Gandhi, die 1970 eigenhändig einen Bois d'Olive *(Elaeondron oriental)* pflanzte, oder wie Nelson Mandela, der dem Park ein Ebenholzbäumchen vermachte.

Indira Gandhi wurde obendrein ein Weg gewidmet. Folgt man jenem, so kommt man bald zu einer alten restaurierten Zuckermühle, eine Reminiszenz an die erste Zuckermühle landesweit, die

Kolonialvilla im Dornröschenschlaf – Château de Villebague versteckt hinter Palmen

in Pamplemousses stand. Man passiert auch Gehege mit **Riesenschildkröten** und Java-Wild sowie Denkmäler zu Ehren wichtiger Persönlichkeiten, darunter natürlich auch ›Paul und Virginie‹. Die nach den beiden Romanfiguren benannte Avenue führt zurück zum Eingang.

Kirche und Friedhof

Man verlässt den Botanischen Garten durch eine elegante schmiedeeiserne Toranlage des 19. Jh. Die Verschlingungen, Kräuselungen, Windungen und Verdrehungen der strahlend weißen Gitter wirken höchst artifiziell und erinnern an Spitzenklöppelei. Wieder ein wunderbares Fotomotiv – zum Abschied.

Dem Tor gegenüber steht die zweitälteste Kirche von Mauritius, die römisch-katholische **St. François d'Assisi**. Das Gotteshaus aus groben Felsquadern mit stumpfem Glockenturm über dem Rundbogengiebel soll 1756 auf Geheiß des Grafen Labourdonnais errichtet worden sein. Innen beeindruckt ausschließlich der offene Dachstuhl. Der benachbarte Friedhof birgt einige uralte Gräber und Mausoleen von bekannten mauritischen Persönlichkeiten. Ihre letzte Ruhe fanden hier beispielsweise der Gouverneur René Magon (1778), der Abt Buonavita (Geistlicher von Napoleon auf Elba) sowie Madame Adolphe Autard de Bragard, geb. Emmeline de Carcenac, die Charles Baudelaire in seinem Werk ›Une Dame Creole‹ verewigte. Als die erst 39-Jährige auf See umkam, ließ die Familie sie nach alter Tradition bestatten – der Körper wurde

Botanische Schatzkammer Pamplemousses – Lotos sprießt hier opulent und hoch

einbalsamiert, das Herz in ein Ebenholzkästchen gelegt.

In der historischen Zuckerfabrik von Beau Plan können Groß und Klein im Zuckermuseum ›**L'Aventure du Sucre**‹ (tgl. 9–18 Uhr, Tel. 243 79 00, www.aventuredusucre.com) die Geschichte des Zuckers und der Zuckerproduktion von damals bis heute erleben – audiovisuell und an originalen Einrichtungen wie Kesseln, Bottichen, Mahlwerken, Zerkleinerungsmaschinen und Waagen. Im Restaurant Le Fangourin wird für das leibliche Wohl gesorgt, im Museumsshop gibt es Zucker und Souvenirs mauritischer Handwerker.

13 La Nicolière

Lohnende Ausflugsziele: Kolonialvilla, Stausee und die höchste Bergkette im Norden.

Fernab der sehr belebten Urlaubszentren versteckt sich mit La Nicolière ein attraktives Ausflugsgebiet im Zentrum der Nordhälfte von Mauritius. Dieses mehr als

5 Mio. m³ umfassende Wasserreservoir ist im Jahr 1929 angelegt worden.

Der Weg ist allerdings etwas schwierig zu finden. Von Pamplemousses folgt man zunächst der A 2 in südöstlicher Richtung bis **Grande Rosalie**, wo ein kurzer Zwischenstopp ratsam ist. Denn verborgen hinter hohen Hecken und Bäumen (Zufahrt über Old Flacq Street) liegt hier eine imposante alte Kolonialvilla mit Ecktürmen, das **Château de Villebague** (von den Einwohnern auch Villa Rosalie genannt). Der Gouverneur Labourdonnais, der die Zuckerrohrplantagen von Ferney und Villebague gründete, zog sich an den Wochenenden aus dem stickig-heißen und mückengeplagten Port Louis auf dieses Anwesen zurück. Das zweistöckige Schmuckstück ist aus der Mitte des 18. Jh. Von der einstigen Zuckerfabrik blieb nur der Schornstein erhalten.

Weiter geht die Fahrt gen Süden Richtung **La Nicolière**, doch aufgepasst: Das winzige verrostete Straßenschild auf der A 2 ist nur in Richtung Westküste zu sehen – das idyllische Plätzchen hat sich offenbar noch nicht als Touristenattraktion herumgesprochen. Aus Richtung Westen und Pamplemousses kommend sollte man beim Anblick der rechter Hand in einer Reihe wachsenden Palmen bald rechts auf die kleine Asphaltstraße abbiegen, kurz vor dem Örtchen Villebague.

Durch weite Zuckerrohrfelder gelangt man danach über einen Damm ans Ufer des Stausees. Von hier aus reicht der Blick von einer leichten Anhöhe bis zur Westküste, wo das Korallenriff als weiße Trennlinie zwischen dem Türkis der Lagune und dem Tiefblau des Ozeans zu erkennen ist. Dazwischen ein Meer aus allen nur denkbaren Grüntönen – Zuckerrohr, Bambus und Palmen wachsen bis hinunter zur Küste. Wer auf dem kleinen Parkplatz am See Rast macht, kommt sofort mit den Anglern ins Gespräch, sieht die Fische im Stausee übers Wasser ›fliegen‹ oder kann ein bisschen entlang des Kanals spazieren gehen.

Auf der Weiterfahrt mäandert die Landstraße über den Rücken der durchweg 400 m hohen Nicolière-Berge – vorbei an gelb blühenden Alamanda-Bäumen und mit immer wieder fantastischem Panorama über die Nordhälfte von Mauritius.

Die Ostküste – Meeresrauschen, Megaluxus und Marschrouten durch die Bergwelt

Eine atemberaubende **Küstenstraße** schlängelt sich mit zahlreichen Kurven an der Ostseite der Insel entlang. Hier sind die kilometerlangen weißen Sandstrände von Roche Noire, Belle Mare Plage oder Trou d'Eau Douce zu finden, zahlreiche Luxushotels von Weltrang verwöhnen ihre Gäste mit dem unvergleichlichen Service à la mauricienne.

Faszinierende Hindu-Tempel wie der von **Kashinath Mandir** wurden hier den indischen Göttern errichtet, Moscheen empfangen die Gläubigen zu Füßen bizarrer Bergriesen, charmante Fischerdörfer liegen in sanft geschwungenen Sichelbuchten. Diese malerische Gegend hatte es auch schon den Holländern angetan, die sich ab 1638 bei **Vieux Grand Port** niederließen. Einige Wachtürme und Mauerreste erinnern an die frühe Besiedelung, das **Musée Navale** von **Mahébourg** lässt mit Kanonen, Waffen, Kostümen und Gemälden die Zeit der Seeschlachten und Piraten wieder lebendig werden.

Eine der bedeutendsten Hinterlassenschaften der Franzosen ist noch heute unübersehbar: das **Zuckerrohr**. Für diese widerstandsfähige Kulturpflanze wurden die Tropen- und Ebenholzwälder von den französischen und holländischen Kolonisatoren fast vollständig abgeholzt. Wer sich ein Bild von der ursprünglichen Flora und Fauna auf Mauritius vor dem Kahlschlag machen möchte, sollte unbedingt einen Abstecher ins Naturschutzgebiet **Kestrel Valley** oder auf die **Île aux Aigrettes** unternehmen.

14 Belle Mare Plage

 Luxushotels und puderweißer Strand am laufenden Band.

Am Küstenabschnitt der Peninsula Pointe de Flacq beginnt eine der landschaftlich schönsten Gegenden von Mauritius. Kein Wunder, dass am ca. 6 km langen Strand bei Belle Mare die **Spitzenhotels** der Welt um die Gunst der Urlauber werben, etwa das mehrmals zum weltbesten Hotel gekrönte *Saint Géran*, das luxuriöse *Belle Mare Plage,* das *Beau Rivage* oder auch das *Touessrok* mit seiner traumhaften Lage bei Trou d'Eau Douce [Nr. 15]. Hier werden jegliche Wünsche nach (Wasser-) Sport, Entspannung am Strand, kulinarischen Genüssen oder abendlichem Entertainment erfüllt. Nachts flackern zudem an einigen Hotelstränden Lagerfeuer, die den Sega-Tänzern als spektakuläre

Traumhafte Urlaubskulisse: Meer, Strand, Palmen und Sonne bei Belle Mare Plage

Kulisse dienen. Tagsüber lohnt es sich an den weitläufigen Stränden entlang zu flanieren, die Ostküste rund um Belle Mare Plage ist noch nicht so dicht mit Hotels bebaut wie andernorts.

An den wunderschönen weißsandigen Strandabschnitten finden sich sowohl Mauritier als auch Urlauber ein. Wird den Einheimischen der Insel der muntere Urlaubstrubel zu viel, so ziehen sie sich an weniger besuchte Orte zurück, etwa an die fabelhaften nördlich von Belle Mare gelegenen Strände bei *Roches Noires* und *Poste Lafayette*.

Auch am **öffentlichen Strand** von Belle Mare herrscht am Wochenende reges Treiben, man trägt Shorts oder Sari. Die Wiese unter den Kasuarinenbäumen ist mit riesigen Zelten bebaut, ganze Großfamilien mit Kind und Kegel finden sich hier ein, voll bepackt mit Essen, gekühlten Getränken und bequemen Klappstühlen – bestens vorbereitet für ein Strandpicknick. Eine Familie hat sich auf einer kleinen felsigen Landzunge an einem Betonschrein mit roten Fahnen zum Gebet versammelt: Sie opfern den Hindu-Göttern Bananen und Kokosnüsse. Hinter Belle Mare erstrecken sich weitere Sandbuchten mit palmwedelgedeckten Sonnenschirmen und Fischerbooten, wo türkis schimmerndes Wasser träge an den schneeweißen Strand schwappt.

Hinduistischer Götterreigen

Etwa 4 km nördlich von Belle Plage gelangt man über die Küstenstraße B 15 zur **Pointe d'Esny**, auf der ein Hindu-Tempel steht, der aufgrund seiner Lage auch als schwimmender Tempel bezeichnet wird. Man erreicht ihn entweder über einen Damm oder mit dem Motorboot vom Saint Géran aus. Der strahlend weiße, prächtige **Kashinath Mandir** beeindruckt mit seinen vielen Bögen, Kringeln und Stelzen an dem dreistöckigen Bau mit tulpenförmiger Kuppel. Zahllose Bildnisse und Figuren der hinduistischen Götterfamilie sind hier vereinigt. In den kleinen überdachten Schreinen vor dem Tempel sieht man Shivas Reittier *Nandi*, den Affengott und General *Hanuman* in heldenhafter Pose und die vierarmige Göttin *Lakshmi*, zuständig für Wohlstand und Glück und zugleich Gattin von *Vishnu*, dem höchsten aller Hindu-Götter und Welterhalter. Innen empfangen das Gottespaar *Shiva* und *Parvati* und ein kleiner *Ganesh* die Gläubigen, die am *Lingam* in der Mitte Bananen, Kokosnüsse, Rosen und Münzen als Opfergaben niederlegen. Beim Rundgang scheint die gesamte restliche Götterwelt versammelt: *Krishna*, *Rama* und *Sita* sowie die Furcht erregende mehrarmige *Durga*, eine der vielen Erscheinungsformen von Parvati bzw. Kali. Zum *Maha-Shivaratree-*

Luxus ohne Ende – Le Saint Géran

TOP TIPP Baden in Badesalz oder Badeöl? Der Aufenthalt im **Le Saint Géran** in Belle Mare stellt den Urlauber vor ungeahnte Luxusprobleme der besonderen Art. Oder doch vielleicht lieber duschen mit fünf verschiedenen Duschstärken – von harter Nadelspitzenmassage bis zum sanften Wasserfallplätschern? Man kann sich auch auf die Marmorbank in der Duschkabine setzen und darüber sinnieren. Das Badezimmer – ach was, der **Badesaal** – ist ein Traum aus Marmor, Terrakotta und edlem Teak mit Wandfresken, alles im passenden Muscheldesign. Das Saint Géran bietet nicht nur in der Juniorsuite **Perfektion** bis in die kleinsten Details.

Am Pool des Tophotels – ein nobles und außergewöhnliches Urlaubsbiotop

Die Qual der Wahl hat der Gast in diesem Luxushotel alle paar Minuten. Beim **Frühstück** hat der Hungrige die süße Qual der Wahl: Babyananas- oder Passionsfrucht-, Mango- oder Litchi-Konfitüre? Zweifellos, kein Ort für ein schnelles Frühstück. 500 Angestellte kümmern sich um das Wohl ihrer Gäste, der **Service** des Hauses genießt einen legendäre Ruf: praktisch jeder Wunsch wird dem Urlauber von den Augen abgelesen, der Butler kommt auf Knopfdruck rund um die Uhr. Viele Angestellte lernen Deutsch und weitere Fremdsprachen auf der hauseigenen Schule, denn immerhin ein Drittel der Gäste kommt aus Deutschland, viele als Stammgäste.

Die **Grande Dame of Mauritius** liegt auf einer malerischen Landzunge an der Ostküste, fast vollkommen unsichtbar unter einem Palmenmeer. Sage und schreibe 5000 Palmen ließ der Landschaftsarchitekt auf dem 24 ha großen Anwesen um die Häuschen im Kolonialstil pflanzen. Doch damit nicht genug – Frösche quaken an kleinen Kaskaden in dschungelig überwucherten Tälern, üppig blühende Hibiskus, Bougainvillea und Frangipani verströmen exotische Wohlgerüche. Das Gelände ist auf geheimnisvolle Weise so perfekt angelegt, dass die Wege zwischen Suiten und Restaurants, Stränden, Bootshaus, Shops, Golfplatz und Fitnessklub nicht allzu weit sind.

Nicht nur das Hotel ist mehrfach als weltbestes Resort geadelt worden, auch die Cuisine der drei **Restaurants** hat viele internationale Preise gewonnen, der Gast wird mit exquisiten Speisen der nationalen und internationalen Küche verwöhnt. Beim romantischen Dinner im **Rasoi by Vineet** über der Lagune umfächelt die Gäste eine frische Meeresbrise

Fest lassen die Hindus hier *Kanwars* zu Wasser, festlich geschmückte Bambusgestelle, mit denen Shiva geehrt und gnädig gestimmt werden soll.

Juwelen und Zucker

Das Städtchen **Centre de Flacq**, 4 km südwestlich der Küste, eignet sich gut für einen Einkaufsbummel, sei es in der *Markthalle* (Mi und So geöffnet) oder im modernen Einkaufszentrum namens *Virginie*. Die betuchte Klientel der Luxushotels an der Ostküste bei Belle Mare hat einige exklusive Läden und Kunsthandwerker hierher gelockt, z. B. *Bijoulux* in der Charles de Gaulle Street.

Eine Viertelstunde Autofahrt von Centre de Flacq entfernt liegt im Südwesten **F.U.E.L. Sugar Milling Co. Ltd.** (Tel. 402 33 00, Besichtigung Mo, Mi, Fr ab 16.30 Uhr, am besten Juni–Dez.), die größte Zuckerfabrik der Insel. Manch einer hält die gigantische Anlage gar für die weltgrößte. Die Bagasse, die bei der Zuckerherstel-

und mischt sich mit dem würzigen Duft von handgemachtem Nan-Brot aus dem Tandoori-Ofen. Küchenchef ist der berühmte Sternekoch Vineet Bhatia, der mit seiner modernen indischen Kochkunst höchste Gaumenfreuden garantiert: hier werden schon einmal die unvergleichlich leckeren Tandoori-Hühnchen mit Blattgold verziert. Wem einmal der Sinn nach indischer Küche steht, sollte im **Primary Contemporary Grill** ein Stück saftiges Angus-Wagyu-Rindfleisch kosten.

Abends sinkt der umsorgte Gast nach der Massage im **ESPA – One and Only-Spa** auf die Chaiselongue seiner Gartenterrasse, für den Besuch im hauseigenen Kasino ist kaum mehr Kraft vorhanden. So viel Luxus strengt an! Der Indische Ozean brandet in der Ferne gegen das Korallenriff, Eiswürfel klimpern im Martiniglas. Selbst für einen Mitternachtssnack ist gesorgt: die Auswahl an Schokoladendesserts in der Minibar ist überwältigend. Unauffällig spazieren derweil die Security-Männer im Safarilook durch den Garten. Schließlich sollen sich hier illustre Gäste aus aller Welt wohl und sicher fühlen, darunter Prinzessin Caroline von Monaco, Michael Schumacher oder Catherine Deneuve. Natürlich gibt es für die Stars und Sternchen eine eigene Villa – eine Art **Hotel im Hotel** mit eigenem Restaurant, Pool und eigenen Angestellten. Privacy, die sich manch ein Weltstar und Staatsoberhaupt 6500 € pro Nacht kosten lässt.

Le Saint Géran, Belle Mare, Tel. 401 18 88, http://lesaintgeran.oneand onlyresorts.com

lung als Nebenprodukt anfällt, wird als Brennstoff benutzt und so versorgt sich die Fabrik selbst mit Strom.

ℹ️ Praktische Hinweise

Wassersport

Le Waterpark Belle Mare, Coastal Road, Belle Mare, Tel. 415 26 26, www.lewater park.intnet.mu. Gigantischer Wasserpark mit Wellenbad, Tunnels, Jacuzzi, Schiffswrack, Piratentreff und Pilzturm, von dem aus gleich drei Rutschen ins blaue Nass führen – ein Riesenspaß für Groß und Klein (tgl. 10–17.30 Uhr).

Hotels

Lux* Belle Mare, Belle Mare, Tel. 402 20 00, www.luxislandresorts.com. Elegantes Luxusetablissement der Extraklasse. Originelle palmstrohgedeckte Häuser um eine herrliche Pool-Landschaft mit mehreren Ebenen und Springbrunnen, nachts romantisch mit Fackeln erleuchtet.

Constance Belle Mare Plage, Poste de Flacq, Tel. 402 26 00, www.bellemare plagehotel.com. Hier werden die Gäste schon mal per Helikopter ins wahrlich exklusive Ambiente eingeflogen. Doppelstöckige Häuschen, vier Restaurants, Pool-Landschaft, Superstrand und zwei 18-Loch-Golfplätze – was das Herz begehrt. In einem angegliederten Schönheitsinstitut mit Hamam kann man sich hervorragend pflegen und verwöhnen lassen.

Constance Prince Maurice, Poste de Flacq, Tel. 402 36 36, www.princemaurice. com. Ein Luxushotel der neuen Generation: Ohne Rezeption, dafür mit ganz individuellem Service. Außergewöhnliche Architektur in Harmonie mit der Natur: Die palmstrohgedeckten Bungalows stehen teilweise auf Pfeilern über der Lagune, einige der Suiten verfügen zudem über einen eigenen Pool.

Le Coco Beach, Belle Mare, Tel. 401 10 00, www.lecocobeachhotelmauritius.ac commodation.io. Der richtige Platz für Familien: riesiges, buntes All-Inclusive-Hotel (330 Zimmer und Villas), jede Menge Kinderattraktionen mit Zwei- und Vierbeinern und darüber hinaus einem eigenen Reitstall.

Le Saint Géran, Belle Mare, Tel. 401 18 88, http://lesaintgeran.oneandonlyresorts. com. Der Himmel auf Erden: die nobelste Herberge der Insel mit Kasino, 9-Loch-Golfplatz, allem erdenklichen Luxus und überraschend legerer Atmosphäre [s. S. 58].

Le Surcouf Village Hotel, Belle Mare, Palmar (im Süden), Tel. 415 18 00. Kleine legere Anlage im Stil eines mauritischen Landhauses mit 25 schönen Zimmern, Garten und Pool.

Maison d'ete, Coastal Road, Poste Lafayette, nördl. von Belle Mare, Tel. 410 50 39, www.lamaisondete.com.

Gepflegte Studios zur Selbstverpflegung in Bungalows am langen Strand mit Mini-Pool und Restaurant.

The Residence, Belle Mare, Coastal Road, Tel. 401 88 88, www.theresidence.com. Luxuriöses Hotel mit traumhaften Privatstrand, Pool, mehreren Restaurants mit kreolischer unter internationaler Küche. Im 600 m² großen Sanctuary Spakann sich der Gast z.B. mit verschiedenen edlen Massagen verwöhnen lassen.

Restaurants

La Caze Carlet, Roches Noires, Flacq, Tel. 411 56 22. Bar und Lokal bieten Meeresfrüchte, Krabben, Cocktails und Weine. Regelmäßig Livemusik.

Rasoi by Vineet, im Hotel Saint Géran, Belle Mare, Tel. Tel. 401 18 88. Die Équipe des weltbekannten Sternekochs Vineet Bhatia verwöhnt ihre Gäste mit kulinarischen Köstlichkeiten der Extraklasse. Mit Blick auf die Lagune genießt man die innovativen Gerichte der indischen Küche, wie z.B. Tandoori-Gerichte, Pizzaans oder die leckeren Roomali Roti Wraps, hauchdünnes knuspriges Brot, gefüllt mit verschiedenen Gemüse und gebratenem Fleisch.

Symon's Restaurant, Royal Road, Pointe de Flacq, Tel. 415 11 35. Küstenlokal mit chinesisch-kreolischer Kost, vornehmlich werden fangfrische Meeresfrüchte serviert (tgl. 19–22 Uhr).

Alle Hände voll zu tun: Zuckerrohrstangen werden häufig auf dem Kopf transportiert

The Residence, Residence Hotel, Coastal Road, Belle Mare, Tel. 401 88 88. Der französische Chefkoch zaubert kulinarische Choreographien: multiethnische Kunstwerke, allesamt farbenprächtig und eigentlich fast zu schade zum Aufessen.

Süßes Exportgut – Zuckerrohr

Im mauritischen Winter, zwischen Juni und November, ist fast die Hälfte der Insel von blühenden **Zuckerrohrfeldern** bedeckt. Die Pflanze stammt aus Ostasien und wir bis zu 4 m hoch. Der Farmer sieht an den silbergrauen Federbüscheln, dass die Zeit der **Ernte** naht. Das Schneiden der armdicken Stängel ist immer noch reine Handarbeit, und zudem oftmals alleinige Aufgabe von Frauen: Die Arbeiterinnen stehen vermummt mit Hut und Tuch in der sengenden Hitze und gehen ihrer anstrengenden Aufgabe nach. Vier bis fünf Monate dauert die Saison-Plackerei, möglichst im Akkord, denn bezahlt wird nach geernteten Tonnen (eine Saisonarbeiterin verdient ca. 5000 Rs).

Die Pflanze wurde bereits 1639 vom holländischen Gouverneur Van der Stel aus der Kolonie Batavia (Java) mit nach Mauritius gebracht und auf der Insel angepflanzt. Ein Jahrhundert später versorgte man Seefahrer mit Zucker, später mit dem Nebenprodukt Arrak, einem hochprozentigen Zuckerrohrschnaps. Der französische Statthalter Labourdonnais ließ 1743 die ersten Zuckerrohrplantagen mitsamt **Fabriken** errichten: Villebague [s.S.55] und Ferney an der Südostküste. Die Pflanze erwies sich als relativ anspruchslos – Sonne und der felsige Boden reichen ihr – und sie trotzte den häufigen Zyklonen am besten von allen landwirtschaftlichen Anbauprodukten, denn ihre Stängel richten sich nach Unwettern wieder auf und wachsen weiter.

Wegen des massenhaften Bedarfs an Arbeitskräften, v.a. Sklaven, auf ihren Plantagen legten sich die mauritischen **Zuckerbarone** sogar mit Napoleon im fernen Paris an. Eine liberale Gesinnung, die Achtung der Menschenrechte entsprechend der Französischen Revolution 1789 oder gar die Bezahlung der Schinderei passten nicht zum Geschäft

15 Trou d'Eau Douce

Eintauchen ins Fischerleben in einem romantischen Küstendorf.

Neben den zahlreichen Luxusoasen mit ihrem einzigartigen Verwöhnservice, die sich in Belle Mare angesiedelt haben, gibt es südlich davon eine andere, eher als typisch zu bezeichnende mauritische Welt: Trou d'Eau Douce ist ein kleines, nahezu mediterran anmutendes **Fischerdorf**. An manchen Ecken wirkt es auf den Besucher verschlafen, an anderen jedoch reichlich geschäftig. Am schlangenlinienförmigen, rund 3 km langen Strand legen

Süße Fracht – eine Kuh wartet geduldig, bis das Zuckerrohr auf den Wagen verladen wird

mit dem Zuckerrohr. Auch unter den Engländern wurde im 19. Jh. der Ausbau der Zuckerindustrie weiter vorangetrieben und die Ernteergebnisse wurden innerhalb eines Jahrzehnts verdreifacht. Nach dem Ende der Sklaverei auf Mauritius – die Briten zahlten eine Entschädigung in Höhe von 2 Mio. Pfund an die Zuckerbarone – strömten ab 1835 indische Vertragsarbeiter ins Land. Doch der technische Fortschritt machte vor Mauritius nicht Halt, bald ersetzten Dampfmaschinen die menschliche Kraft an den Zuckermühlen.

Der Zuckerboom in der Mitte des 19. Jh. fand ein schnelles Ende: Die Konkurrenz der ›Zuckerinsel‹ **Kuba** war enorm und Großbritannien hatte begonnen, selbst den süßen Saft aus Zuckerrüben herzustellen. Der Zuckerpreis auf dem Weltmarkt fiel dramatisch. Trotzdem blieb Mauritius lange der wichtigste Lieferant an die britische Krone und erlebte in den 1970er-Jahren sogar einen weiteren Boom, der für 90 % der Landeseinnah-

men sorgte. Nach 2006 befand sich die Zuckerindustrie erneut in der Krise: Seit diesem Jahr zahlte die EU, Hauptabnehmer des mauritischen Zuckers, keine Garantiepreise mehr für den süßen Rohstoff, sondern nur noch die niedrigeren Weltmarktpreise. Inzwischen steigt der Wert des Zuckers aber wieder.

Schmucke Kolonialvillen zeugen vom einstigen Reichtum der meist franko-mauritischen Zuckerbarone. Einige restaurierte Zuckermühlen, ein Nachbau in der Domaine Les Pailles sowie die Zuckerfabriken **Belle Vue Harel** (Mapou, Tel. 264 15 31) im Norden und **F.U.E.L. Sugar Milling Co. Ltd.** [s. S. 59] im Osten können besichtigt werden – am besten während der Erntezeit von Juni bis November. Auch auf den bis zu 1000 ha großen Plantagen werden Besuchern die Produktionsschritte erläutert. Den besten Überlick über Geschichte und Produktion vermittelt das **Aventure du Sucre**-Museum von Beau Plan [s. S. 54].

am Vormittag vom Holzpier pausenlos die Taxiboote in Richtung der beiden Inseln Île aux Cerfs [Nr. 16] und Île de l'Est ab. Die Fischer bauen und streichen an ihren Kähnen im Schatten der Laubbäume und Filaos, während Touristen mit Begeisterung für die pittoreske Szenerie ihre Kameras schwenken, um die malerische Bucht samt ihren Bewohnern auf zahlreichen Aufnahmen festzuhalten. Ein weiteres reizvolles Motiv ist die Kulisse der Berge, die sich hier von ihrer Schokoladenseite zeigt – mit dem beeindruckenden *Pic Grand Fond* (521 m) und seinem 100 m höheren Nachbarn *Bambou* [s. S. 63], der hinter der Île aux Cerfs emporragt. Katamarane und Segeljachten schweben über das tiefblaue Wasser, farbenfroh leuchten die Boote und Häuschen, weit dahinter über der Lagune sieht man die strahlend weißen Bungalows des Hotels **Le Touessrok**, das schon mehrfach ausgezeichnet wurde und zu den besten Hotels weltweit gehört. Lokale, kleine Imbissstände mit allerlei Leckereien und verschiedene Boutiquen verleiten die Durchreisenden zum Haltmachen in diesem kleinen Küstendorf.

Die Fischer leben von der **Austern-** und **Garnelenzucht**, einige Einwohner arbeiten mittlerweile auch im Tourismussektor. Abends sitzt die Dorfjugend auf der Kaimauer, einige zupfen auf der Gitarre, und um das Lagerfeuer am Strand versammeln sich einheimische Ausflügler zum obligatorischen Picknick – wo sonst lässt sich der Tag bei Rum und Faratas, lecker gefüllten Pfannkuchen, besser beschließen?

ℹ️ Praktische Hinweise

Hotels

Le Touessrok, Trou d'Eau Douce, Tel. 402 74 00, www.letouessrokre sort.com. Kontakt in Deutschland: Sun Resorts GmbH, Schillerstr. 4, Frankfurt/Main, Tel. 069/92 03 47 60. Spitzenhotel, das immer mal wieder als weltbestes Hotel ausgezeichnet wurde: Die Bungalows verteilen sich auf fünf Strände an der palmenbestandenen Lagune und auf winzige Halbinseln. Hinzu kommen viele, teils idyllisch versteckte Pools und ein richtiger Abenteuerspielplatz für Kinder. Im Restaurant Three-Nine-Eight werden auf drei Ebenen Köstlichkeiten der chinesischen, französischen, indischen und mauritischen Küche zubereitet – quasi ein Muss ist die *Salade de Palmiste*, der Palmenherzensalat.

Tropical Attitude, Trou d'Eau Douce, La Pelouse, Tel. 480 13 00, www.letropical hotel.com. Kleines freundliches Strandhotel der Mittelklasse gegenüber der Île aux Cerfs: 60 rattanmöblierte Zimmer mit Balkon. Pool und eigene Tauchbasis.

Idyllisch: die hölzerne Brücke vom Hotel Le Touessrok zur kleinen Privatinsel Frangipani

Verlockendes Paradies in greifbarer Nähe: Mauritius ist umgeben von vielen kleinen Eilanden

Silver Beach, Royal Road, Trou d'Eau Douce, Tel. 419 26 00. Beliebtes, mehrstöckiges Hotel am schmalen Strand mit Swimmingpool. Die Zimmer des Haupthauses haben Blick aufs Meer, die der fünf Bungalows haben eine Terrasse oder einen Balkon mit Sicht auf den zugehörigen Garten.

Restaurant

Chez Tino, Trou d'Eau Douce, Tel. 480 27 69. Preiswertes und wunderschön gelegenes Familienlokal mit luftiger Veranda über dem Meer. Man sitzt unter einem Banyanbaum und genießt Fischgerichte aus der kreolischen Küche (tgl. 10–15 sowie Mo–Sa 19–22 Uhr).

TOP TIPP

16 Île aux Cerfs

Auf der Badeinsel mischen sich die Urlauber unter die Einheimischen – oder umgekehrt.

Ein ganz untypisches Ferienparadies versteckt sich auf der Île aux Cerfs. Die kleine unbewohnte Insel teilen sich überwiegend die Golf spielenden Gäste des Touessrok-Hotels und die Mauritier beim Wochenendausflug. Die Motorboote mit den Ausflüglern flitzen aus allen Richtungen durch die Lagune: Hier angeln Einheimische in den Mangroven nach anchovisähnlichen Fischen, die am besten zu Rum schmecken sollen. Der mächtige **Bambou** (626 m), Wahrzeichen der Ostküste, erhebt sich hinter der Île aux Cerfs auf Mauritius.

Die meisten Urlauber üben sich hier im Surfen und Tauchen oder genießen ihr Sonnenbad, während die Mauritier beim Picknick im Schatten von blühenden Bougainvilleen und Hibisken sitzen oder entlang der Strandpromenade flanieren. Auf der Insel kann man auch Volleyball spielen, an der Küste spazieren gehen und dabei einsame Badenischen entdecken, an den Souvenirständen stöbern und feilschen oder den vier Riesenschildkröten im Gehege einen Besuch abstatten. Erfrischungen und Stärkung offerieren kleine Strandbars, die zum Le Touessrok gehörende *Sands Bar* (Snacks) sowie die ebenfalls zum Hotel gehörenden Restaurants *Paul & Virginie* (Seafood, mauritische Speisen) und das indische *Masala*. Dem Luxus sind hier keine Grenzen gesetzt: Bernhard Langer entwarf für die Gäste des Le Touessrok einen turniertauglichen 18-Loch-Golfplatz im Zentrum der etwa 7 km² Insel.

In Sichtweite liegt die einsame **Île de l'Est** (auch Îlot Mangénie genannt), die mit ein paar Schwimmzügen zu erreichen ist. Dieses winzige Inselchen gegenüber vom Touessrok-Bootspier gehört jedoch ganz und gar den Gästen dieses

Untergetaucht! Hier lässt es sich im glasklaren Wasser himmlisch schnorcheln

Hotels – im *Crusoë et Robinson* werden mauritische Spezialitäten, am schneeweißen Strand die Cocktails serviert.

ℹ️ Praktische Hinweise

Bootsservice

Boote zur Île aux Cerfs (Public Ferry Boat, ausgeschildert) fahren täglich vom Pointe Maurice ab (hinter der Abzweigung zum Hotel Touessrok); nur dort werden auch die Tickets für die öffentlichen Fähren verkauft. Die Boote vom Touessrok-Pier (tgl. 9–17.15 Uhr, alle 20 Minuten) können von Nicht-Hotelgästen gegen Gebühr benutzt werden, ebenso die Wassersportmöglichkeiten auf der Insel. Private Boote starten auch ab Trou d'Eau Douce.

🟦 17 Pointe du Diable

Was für Ausblicke – die schönste Küstenstrecke der Insel, die malerischsten Dörfer, die bizarrsten Berge!

Hinter *Beau Champ* überquert die Straße B 28 in wilden Schlangenlinien das dschungelig anmutende Flussbett des **Grande Rivière Sud-Est**. Der größte Fluss der Insel strömt aus dem bergigen Hinterland über viele Kaskaden und mehrfach gewunden die Küstenebene hinunter. Ein spritziges Vergnügen verspricht eine aufregende Fluss-Safari auf Motorbooten und Katamaranen entlang der steilwandigen Felsen (von den Küstenorten und Hotels aus möglich).

An diesem Küstenabschnitt siedelten die ersten Holländer vor rund 400 Jahren, sie nannten den Ort Groote Rivier. Erinnerungen an die Historie ruft nahe von Beau Champ eine der ältesten Zuckerfabriken (ausgeschildert) hervor, die während der Erntezeit von Juni bis November wochentags zu besichtigen ist.

Die enge Straße nach Süden führt vorbei an Zuckerrohrfeldern und folgt schließlich dem Verlauf der Küste auf den Zentimeter genau, man könnte den Fischern im Vorbeifahren die Hand geben. Die Männer stehen bis zum Bauch im Wasser, die Tasche mit den Ködern geschultert, die Angelrute wird mit Schwung ins schlammige Wasser geworfen. Nun folgt ein wahrer Reigen traumhafter **Buchten**, die allesamt Fotomotive zuhauf bieten – eines farbenprächtiger als das andere. Moscheekuppeln leuchten vor den grün bewaldeten Berghängen. Immer näher rücken die imposanten Spitzen der **Montagnes Bambous** – mal vier Pyramiden gleich, die sich ineinander verkeilt haben, mal

wie Teufelshörner, je nach Standort und Ideenreichtum des Betrachters. Wen wundern bei derart fantasieanregender Bergkulisse die beziehungsreichen Namen der Küstendörfchen **Deux Frères** (Zwei Brüder) oder **Quatre Sœurs** (Vier Schwestern)? Beide Orte liegen am Fuße weit gezogener und sanft gewellter grüner Hänge, die sich höher und höher zu den charakteristischen Spitzen aufgipfeln. In **Grand Sable** wachen die ungleichen Geschwisterpaare fast senkrecht hinter den Häusern und dem Hafen.

Die geschichtsträchtige **Pointe du Diable** (Teufelsspitze) an der Küste ist nicht zu verfehlen. Auf einem großen Parkplatz weisen alte französische *Kanonen* Richtung Meer, wo einst britische Kriegsschiffe Kurs auf Mauritius nahmen und wo heute Jachten gemächlich vorbeisegeln. Ein paar Ziegen und Kühe grasen hier auf einem Terrain, auf dem sich im 18. und 19. Jh. z. T. heftige Kämpfe um die Vorherrschaft im Indischen Ozean abspielten. Einige alte Festungstürme aus der französischen Ära sind beliebte Treffpunkte für mauritische Jugendliche geworden. Am Wochenende stehen unter den Filaos ganze Gruppen von Männern, die über die Sportergebnisse debattieren, wiederum sind es Großfamilien, die bei Shrimps-Curry mit Bredes, einem grünen Spinatgemüse, und einem kühlen Bier picknicken.

Hinter der nächsten Kurve ist bereits die **Montagne du Lion** (480 m) zu sehen. Wenn sich die Reisenden diesem eigenartig geformten Berg vom Süden her oder beim Landeanflug auf den Airport Plaisance nähern, dann könnten sie wirklich meinen, in der Fer-ne läge ein Löwe, ausgestreckt zwischen Meer und Zuckerrohrfeldern. Vielleicht wurde er von Pfeilen aus ›giftigem Bambus‹ getroffen, denn so heißt der nächste, eigentlich ganz friedlich erscheinende kleine Ort: **Bambous Virieux**. Geübte Kletterer können den Löwenberg ohne Probleme bezwingen. Ein teils ausgeschilderter Pfad führt zunächst durch den **Bois des Amourettes**, den ›Wald der Verliebten‹, und durch die unvermeidlichen Zuckerrohrfelder. Nach etwa zwei Stunden streckenweise recht steiler Kraxelei erreicht man den Gipfel und wird mit einer wunderbaren Sicht über die Bucht und bis nach Mahébourg belohnt.

Aufgepasst: in den Gewässern um Mauritius sind oftmals Delfinschwärme zu beobachten

*Weiter Blick ins Grüne: Die Montagne du Lion
an der bewaldeten Ostküste von Mauritius*

18 Kestrel Valley

*Geschützte Berglandschaft mit
vielen Tieren und aussichtsreichem
Restaurant, von Jägern und Wan-
derern gleichermaßen geliebt.*

Wer auf eigene Faust ins Kestrel Valley
reist (auch Domaine du Chasseur, Domaine d'Anse Jochee oder Domaine des
Grands Bois genannt), sollte sich nicht
von kleinen abenteuerlichen ›Hindernis-
sen‹ während der Anfahrt abschrecken
lassen: Erst muss ein flacher Bach durchquert werden (ohne Allradantrieb möglich), dann gilt es die vielen Straßenwel-
len im ersten Gang zu überstehen, während sich die Piste zwischen Zuckerrohrfeldern und Palmenhainen an den Ausläufern der *Montagne Camisard* hoch-
windet. Vom Parkplatz schließlich werden
die Gäste der Ti Vilaz Lodges des Kestrel
Valley mit dem Jeep abgeholt. Die Schot-
terpiste schraubt sich steil nach oben, die
kleinen Stelzenhütten des Valleys sind
umzingelt von der Montagne du Lion
(480 m), von Camisard und Piton Rouge
und den Montagne Bambou (626 m).

Das private 1500 ha große **Naturschutzgebiet** ist ein hervorragender
(Ausflugs-) Ort für Naturliebhaber, die auf
allzu großen Komfort verzichten können.
Trekkingtouren in das urwaldähnliche
Areal und auf die Berggipfel, weniger
anstrengende Spaziergänge zum nahe
gelegenen Mini-Wasserfall **Trou Mal-
gache** (mit Badepool) oder mehrtägige
Jagdausflüge im Wald und Angelpartien
im Indischen Ozean werden angeboten.
Selbst wer nicht jagt und beim Wandern
die Hochsitze links liegen lässt, bekommt
garantiert einige der scheuen **Java-
Hirsche** zu Gesicht, die hier ihre Heimat

Abenteuer hautnah: Fluss-Safari nahe eines Wasserfalls der Grande Rivière Sud-Est

haben. Am Nachmittag (ab ca. 15 Uhr) versucht ein Führer, mit einer Maus als Beute-Leckerbissen einen der seltenen **Mauritius-Falken** *(Kestrel)* anzulocken – und manchmal klappt es auch. Die Population dieser majestätischen Greifvögel wurde von ehemals vier Falken auf derzeit 800 Exemplare erhöht – mithilfe von engagierten Tierschützern aus aller Welt [s. S. 88 f.].

Viele Reisegruppen kommen zum Mittagessen ins hoch gelegene Restaurant Panoramour auf dem Plateau (keine fünf Minuten per Jeep, 20 Minuten zu Fuß), wo ab und zu ein Helikopter mit illustren Gästen landet. Die Köche verwenden hauptsächlich Produkte aus eigener Produktion: Der Palmherzsalat stammt von den Pflanzen der Domaine-Plantage, von dort kommen auch die Ananas, Avocados und Papayas. Selbst der Rum ›Old Corsair's Gold‹ und der Kaffee sind hausgemacht, das gegrillte Wildschwein und die Hirschzungen selbstverständlich eigenhändig vom Besitzer oder von den Jagdgästen erlegt. Der Rundblick von hier oben ist spektakulär – ein Logenplatz über dem Indischen Ozean. Mitten im Blau des Meeres erspäht man eine Inselkette hinter dem Korallenriff: *Île Marianne*, *Île aux Fouquets* (auf der Ende des 17. Jh. von den Holländern einige Huge-

notten zwei Jahre lang wegen Diebstahls interniert worden waren), *Île de la Passe* mit Leuchtturm und das Naturschutzgebiet *Île aux Aigrettes* [Nr. 21].

Auch das etwa 100 ha große Areal der **Domaine Ylang Ylang** (Tel. 634 56 68, tgl. 9–17 Uhr) gehört zu den Sehenswürdigkeiten von Kestrel Valley. Hier in der Destillerie wird aus den wohlriechenden gelben Ylang-Ylang-Blüten, die überall am Wegesrand gedeihen, ein Öl für die Parfümherstellung gewonnen. Diesem Gebäude angeschlossen ist ein kleiner Laden namens Phydra, in dem selbstverständlich das wohlriechende, kostbare Parfum zu erwerben ist. Wer möchte, kann in dem zur Domaine gehörenden Restaurant einkehren.

ℹ Praktische Hinweise

Unterkunft

Kestrel Valley, Anse Jonchée, Vieux Grand Port, Tel. 634 50 11, www.kestrel valley.com. Geboten werden einige einfache oder etwas besser ausgestattete Hütten mit Veranda (bester Ausblick vom ›Boule Boule‹-Bungalow), rechtzeitige Reservierung empfohlen. Außerdem lockt das gute Panorama-Restaurant mit Wildgerichten und Weinkarte.

19 Vieux Grand Port

Auf den Spuren der ersten Siedler auf Mauritius.

Auf wahrlich historisches Terrain begibt man sich nach Umfahren des Montagne du Lion. Nachdem die Holländer bei der vorgelagerten Île de la Passe eine Passage durch das Korallenriff gefunden hatten – bis heute der einzige Zugang in die geschichtsträchtige Bai – landeten sie in der weiten Bucht von Vieux Grand Port am 20. September 1598. Die Holländer nannten ihre Siedlung *Port Zuydoosterhaven*. 1710 verließen sie diese wieder, fünf Jahre später schlugen hier die Franzosen ihr Lager auf. Spuren aus jener wie auch aus holländischer Zeit sind noch heute am **Pavillon du Grand Port** kurz vor dem

Ort zu sehen. Auf dem Gelände des **Fort Frederik Hendrik Museum** (Mo–Sa 9–16, So 9–12 Uhr) wandelt der Reisende zwischen restaurierten Ruinen eines alten französischen Forts samt Gefängnis und Backstube sowie den Resten einer Gouverneursresidenz und den spärlichen Grundmauern der holländischen Festung. Im angeschlossenen Museum taucht man gänzlich in die koloniale Ära ein: die Ausstellungsstücke, Gemälde und die Ausgrabungsfunde demonstrieren eindrucksvoll den Lebensstil der Holländer im 16./17. Jh. – im Heimatland, auf Mauritius und bei ihren Seereisen auf den sieben Weltmeeren.

An der Brücke über die *Rivière Champagne* erinnert ein Obelisk an ein weiteres, geschichtlich bedeutsames Ereignis in diesem Gebiet, das später von den

Mit Sam im Jagdrevier

Die Ausflügler keuchen Sam hinterher. Der Mann (Führer, Jäger und Mädchen für alles) steigt wie ein Ziegenbock auf die **Montagne Camisard**, macht hier und da auf wilde Himbeeren, Termiten und die Rehe am Abhang aufmerksam. Er imitiert Vogelgeräusche, Makaken (eine Affenart) antworten in der Ferne. Weiter geht es über bemooste Felsen, unter Bananenblättern hindurch und an 300 Jahre alten **Ebenholzbäumen** vorbei. Die Ausblicke auf die Bergwelt und die Küste von Mauritius sind atemberaubend. Der Abstieg erfolgt über Laterit-Pfade (bei Regen ist Vorsicht geboten), anschließend nimmt

Jagdfieber im Kestrel Valley – hier kommt die Maus, aber wo bleibt der Mauritius-Falke?

der hungrige Wanderer im Restaurant Panoramour Platz, das auf einem Hochplateau gelegen ist. Hier genießt man nicht nur das köstliche Wildschweincurry, sondern auch das unglaubliche Panorama: Was für eine großartige Belohnung für die kurze Wanderung! Zur Rechten protzt die kuriose **Montagne du Lion**, die jede mauritische Schulklasse erklimmt und die vom Süden aus tatsächlich wie ein liegender Löwe aussieht. Dazwischen sieht man bis zur Küste weite Wälder aus Ravinals (einer Baumart mit fächerartigen Blättern, s. S. 90), grüne Ananas- und Zuckerrohrfelder, Kaffeeplantagen, Papaya- und zahlreiche Mangobäume.

Die Ti Vilaz Lodges in Kestrel Valley sind nicht luxuriös, dafür aber komfortabel und von ihren Balkonen eröffnen sich grandiose Panoramen. Zwar jagen morgens ab 6 Uhr die Makaken über die Dächer, doch ansonsten findet man hier die reinste Idylle und Natur pur: Abends zirpen die Grillen um die Wette, ab und zu verrät ein Rascheln im Buschwerk einen Mungo auf Nahrungssuche. Gigantische Flughunde schweben über das Tal, manchmal auch ein Mauritius-Falke, ein Gecko schnalzt und der Sternenhimmel zeigt sich hier endlich einmal völlig unbeeinträchtigt durch helle Hotelscheinwerfer oder das Licht der Städte.

Strohgedeckte Pavillons im dichten Grün laden im Kestrel Valley zur erholsamen Rast ein

Franzosen in *Port Bourbon* umgetauft wurde: Gut zwei Jahrhunderte nach der ersten Besiedlung, im August 1810, fand hier die berühmte **Seeschlacht** zwischen Franzosen und Briten statt. Dabei versuchten Erstere mit List und Tücke ihre Feinde abzuwehren: Beispielsweise versetzten sie Bojen, was dazu führte, dass britische Schiffe tatsächlich havarierten und untergingen. Es war das einzige Mal, dass die französische Marine die Engländer besiegen konnte, wenngleich sie sich schon vier Monate später ihren Kontrahenten endgültig geschlagen geben musste. Zur Erinnerung an den Sieg der Grande Nation wurde im Heimatland auf dem Pariser Arc de Triomphe eine Inschrift angebracht.

Was auch immer die Archäologen noch ausgraben werden, nicht nur Denkmäler und steinerne Überreste erinnern an die Kolonialzeit, sondern auch die Art und Weise des Arbeitsalltags der Küstenbewohner. Wie vor Jahrhunderten tragen viele Frauen in bunten Körben die Wäsche auf dem Kopf zu den Flussmündungen, am Ufer leuchten die Kleidungsstücke zum Trocknen in der Sonne. Und noch immer gehen viele Mauritier der mühevollen Arbeit auf den großen Zuckerrohrfeldern nach.

ℹ️ Praktische Hinweise

Unterkunft

Le Barachois (Village du Pêcheur), Anse Bambous, Vieux Grand Port, Tel. 750 94 07, www.le-barachois.com. Romantische kleine Anlage einer mauritischen Familie am Fischteich: einfache Reihenzimmer in Steinhäuschen mit rustikalem Mobiliar (Ventilator, Minibar), Veranda mit fantastischem See- und Bergblick. Restaurant mit mauritianischer Küche.

20 Mahébourg

Geschichtsträchtige Stadt mit interessantem Museum und viel Fisch.

In **Ville Noire**, der ›Schwarzen Stadt‹ kurz vor Mahébourg, sind die Toten auf einem Friedhof nahe der Küste bestattet: Hierher sollen sich früher Magier und Hexen zurückgezogen haben, Fluss- und Ortsnamen lassen noch heute auf kreolische Bevölkerung und Sklaven schließen, wie etwa derjenige des Orts *Rivière des Créoles*. Doch dieser Vorort hält für Besucher noch eine ganz andere, süße Überraschung bereit. Die **Biscuiterie H. Rault** (Fabien Road, Mo–Fr 9.30–15 Uhr, Tel.

Viel Grün in der Stadt: die Hafenstadt Mahébourg in der Bucht von Vieux Grand Port

6319559) zaubert nach traditionellen Rezepten und Methoden *Cassava*, Kekse aus Maniok, in sieben verschiedenen Geschmackssorten. Wer sich nicht nur für das Gebäck selbst, sondern auch dessen Herstellung interessiert, kann an einem ca. 30-Minuten-Rundgang inklusive Naschen teilnehmen. Gruppen ab 10 Personen können hier auch zu einem typisch mauritischen Mittagsschmaus einkehren, dazu ist allerdings eine Anmeldung erforderlich.

Über die Cavendish Bridge gelangt man nun nach **Mahébourg** (etwa 20 000 Einwohner). Die kleine moderne Hafenstadt und ihre angrenzenden Strände an der Pointe Jérome und Blue Bay haben sich zum internationalen Ferienzentrum gemausert, der Flughafen ist nur zehn Autominuten entfernt – was jedoch nicht heißt, dass die Urlaubsruhe durch ständigen Fluglärm gestört wäre. Die wenigen Starts und Landungen der Maschinen werden eher als Attraktion denn als Ruhestörung empfunden.

Geschichte Die 1806 an der Rivière la Chaux vom französischen Gouverneur Charles Decaen gegründete Stadt wurde nach dessen berühmtem Vorgänger Mahé de Labourdonnais benannt. Sie spielte im Jahr 1810 eine zentrale Rolle als Kriegsschauplatz, als die Seeschlacht zwischen Briten und Franzosen vor den Toren der

Erinnerung an die berühmte Seeschlacht im Jahr 1810 – der Obelisk bei Vieux Grand Port

Stadt, in der Bucht von Vieux Grand Port, geschlagen wurde [s. S. 69]. Heute gilt die Stadt an der Südostküste als **Fischerei-** und **Handelszentrum** des Landes.

Besichtigung Da in Mahébourg viele älter Gebäude abgerissen und durch Neubauten ersetzt wurden, lassen sich nur wenige Zeugnisse aus der Kolonialzeit im Stadtbild ausmachen. Eines ist mit Sicherheit die in der Rue de Maurice gelegene Kirche aus Felsquadern, ab und an entdeckt der interessierte Besucher auch ein kunstvoll gestaltetes Verandagitter. Umso mehr begeistert die neugotische Kathedrale **Notre-Dame d'Anges** in der Rue du Souffleur. Ihr ockerfarbener Anstrich kontrastiert wunderbar mit den blendend weißen Spitzbögen und Sprossen der lang gezogenen schmalen Fenster und dem tiefschwarzen Dach. Sie überragt mit dem massiven, zinnenbekrönten Turm und dem ausgreifenden Querschiff noch heute alle Bauten im Städtchen. Vom Glockenturm bietet sich nach 100 steilen Stufen ein schöner Weitblick über den Naturhafen, die Gebäude der Stadt bis hin zum Indischen Ozean.

Im schönsten, sorgfältig restaurierten Kolonialgebäude, das um 1775 erbaut wurde und am Walmdach sowie der doppelläufigen Freitreppe leicht zu erkennen ist, logiert heute das sehenswerte **Musée Navale** (Mo–Fr 8.30–17, Sa/So/Fei 9–12 Uhr). Es liegt am südlichen Ortsausgang inmitten eines gepflegten Gartens. Auf zwei Etagen gibt es hier Maritimes und Historisches zu bewundern, darunter zahlreiche Fundstücke von Schiffskatastrophen und Seeschlachten: z.B. die *Schiffsglocke* der ›Saint Géran‹, Kanonen der 1810 gesunkenen ›Magicienne‹, Seekarten des Indischen Ozeans vom Anfang des 16. Jh., Schwerter und Pistolen (auch jene von dem berühmten Piratenkönig Robert Surcouf, vgl. S.50), etliche Schiffsmodelle, eine Sänfte sowie Gemälde wichtiger Persönlichkeiten aus der Inselgeschichte und Kolonialmöbel. Zudem ist man hier besonders stolz auf das *Baldachinbett* des berühmten Gouverneurs Labourdonnais.

Außerhalb des Museums stellen mauritische Künstler in einem nachgebauten Dorf alte Handwerkskünste und -fertig-

keiten vor, deren Produkte die Besucher auch kaufen können.

Schräg gegenüber vom Marinemuseum und entlang der Hauptstraße Mahébourg Road beeindrucken einige farbenprächtige Hindu-Tempel, etwa der kleine **Maha Kaliammen Kovil** (Schuhe vor dem Betreten der Schreinhallen ausziehen), in dem die fürchterliche Göttin *Kali* haust, die mit weiterausgestreckter Zunge posiert und ihren Fuß siegreich auf die Brust eines Getöteten gestellt hat. Ihre Hände halten Kriegsgeräte und auch einen abgeschlagenen Kopf, dessen Blutschwall in eine darunter gehaltene Schale schießt. *Lakshmi* und der Elefantengott *Ganesh*, ebenfalls zugegen, wirken da schon wesentlich friedlicher.

Die Uferpromenade verläuft parallel zum Busbahnhof. Am Abend sitzt hier halb Mahébourg auf den Bänken und genießt die Abendstimmung und die pfannkuchenähnlichen gefüllten Faratas, einige Kinder sammeln Krebse im Schlick. Der Blick des Spaziergängers schweift von der schmalen Bucht mit Fischerbooten über die vorgelagerte *Île Mouchoir Rouge* bis hin zum ›Liegenden Löwen‹,

Flanieren, staunen, suchen: an den Markttagen in Mahébourg lässt es sich gut Bummeln

dem Montagne du Lion, im Norden. Manchmal finden hier Freiluftkonzerte und Regatten statt, auch der wohl größte **Markt** von Mauritius (Mo und Fr) hat am *Point Canon* sein Domizil, rund um das moderne, von einer Kugel bekrönte *Denkmal* zur Abschaffung der Sklaverei (1835). Neben verschiedensten Haushaltswaren werden auch die für Mahébourg typischen farbenfrohen handbestickten *Taschentücher* feilgeboten. Mit solchen, so erzählen die älteren Einwohner, signalisierten die Einwohner früher dem einzigen Arzt des Ortes, wohnhaft auf der ›Insel des roten Taschentuches‹, dass er benötigt werde.

Pointe d'Esny, Blue Bay und Île des Deux Cocos

Hinter der Lagune vom Hotel La Croix du Sud – im Süden, bereits außerhalb von Mahébourg – erreicht der Reisende über die Küstenstraße bald die **Pointe d'Esny** und schließlich die waldumrahmte Blue Bay, einen Strandabschnitt, an dem sich die wohlhabenden Einwohner Mahébourgs ihre Villen gebaut haben. Die

Auch als Ausguck geschätzt – der Turm von Mahébourgs Kathedrale Notre-Dame d'Anges

Städter treffen sich hier am Wochenende auf der Wiese im Schatten der Kasuarinen. Die mit ihren weißen Sandstränden lockende **Blue Bay** schneidet tief ins Festland ein, auf der Südseite der Bucht sieht man das auf einer Landzunge gelegene Hotel *Le Shandrani*. Im tiefblauen Wasser schwanken Ausflugs- und Glasbodenboote, am Pier liegt ein Katamaran. Draußen im Meer, scheinbar zum Greifen nah, liegt die winzige **Île des Deux Cocos**, auf der ein exklusives Hotel entstanden ist – trotz des Protestes der Anwohner, die ökologische Bedenken hatten: In dem Marinepark sollen die am besten erhaltenen und farbenprächtigsten Korallenbänke wachsen. Früher hieß das Inselchen Île aux Bigorneaux, benannt nach den Strandschnecken, die an den Felsen kleben. Auch wenn das Eiland nah erscheint, sollten selbst gute Schwimmer wegen der gefährlichen Strömungen auf ein Boot umsteigen.

i Praktische Hinweise

Flughafen

Sir Seewoosagur Ramgoolam (SSR) International Airport, Plaisance,

rund 3 km von Mahébourg entfernt und über die A 10 zu erreichen. Hier sind Banken, Reisebüros, Mietwagenfirmen, die Post und auch zahlreiche Geschäfte ansässig, Auskunft: Tel. 603 60 00, http://aml.mru.aero

Hotels

Chantemer, Pointe d'Esny, Mahébourg, Tel. 6 31 96 88, www.chantemer.mu. Familiäres Gästehaus direkt am Strand gelegen, gepflegte Zimmer, die jeweils über ein schlichtes Bad verfügen.

Le Preskil Beach Resort, Pointe Jérome, Mahébourg, Tel. 604 10 00, www.lepreskil.com. Lebhaftes Mittelklassehotel mit palmgedeckten Häuschen im Garten samt vieler exotischer Vögel. Kleiner Strand mit dem vermutlich schönsten Ausblick auf der Insel, viele Wassersportmöglichkeiten und Tauchschule.

Le Shandrani, Blue Bay, Mahébourg, Tel. 603 43 43, www.shandrani-hotel.com. Die Mondgöttin Shandrani macht Träume wahr in dieser fantastischen Fünf Sterne-All-Inclusive-Anlage der Beachcomber-Gruppe. Elegantes Ambiente auf einer Peninsula mit

drei Stränden und vier Restaurants, eines davon rustikal mit Bänken am Strand.

Restaurants

Chez Patrick, südl. Mahébourg Road, Mahébourg, Tel. 631 92 98. In diesem stadtbekannten Restaurant werden sowohl einheimische Kost als auch leckere chinesische Gerichte angeboten.

Le Jardin Créole, Pointe d'Esny (an der Straße zur Blue Bay; B 7), Mahébourg, Tel. 631 58 01. Beliebtes Veranda-Lokal: Ausgefallene kreolische Gerichte mit französischer Note ebenso wie Meeresfrüchte sowie Currys, Spaghetti oder Pizza und sogar süße Backwaren stehen zur Auswahl (tgl. 10–15 und 18–22 Uhr).

Le Phare, Shivananda Street, Mahébourg, Tel. 631 97 28. Kleines Seafood-Restaurant, direkt an der Uferstraße gelegen und mit wunderbarem Blick auf das türkisblaue Meer.

Monte Carlo, La Passe Street, Pointe des Régates, Mahébourg, Tel. 631 74 49. Das an der Bucht gelegene Lokal bietet Seafood in allen erdenklichen Varianten an, internationale und kreolische Küche, dazu passende Weine und Cocktails.

Er rief Paul und Virginie ins Leben – Bernardin de St. Pierre (1737–1814)

Dichtung und Wahrheit – der Untergang der ›Saint Géran‹

Am 24. März 1744 verlässt der Schoner ›Saint Géran‹ den Hafen von Lorient in der französischen Bretagne. An Bord sind neben 130 erwartungsvollen Passagieren auch einige Maschinen, die für die mauritische Zuckerfabrik in Pamplemousses bestimmt waren.

Am Nachmittag des 17. August, nach fast fünfmonatiger Seereise um das Kap der Guten Hoffnung, ist wieder Land in Sicht: Die ›Saint Géran‹ erreicht die mauritischen Gewässer, Hoheitsgebiet der Franzosen. Doch Kapitän Delamarre manövriert in ihm unbekannten Gefilden, er kennt die Tücken der Küste im Norden von Mauritius nicht. Gegen Mitternacht werden ihm die winzige **Île d'Ambre** mit ihren vorgelagerten Klippen und eine gefährliche Strömung zum Verhängnis: Die ›Saint Géran‹ läuft auf die Felsen auf und beginnt zu sinken. Das Dauerbimmeln der Schiffsglocke reißt alle Passagiere aus dem Schlaf und ruft sie an Deck – Panik macht sich breit, die Rettungsboote sind unbrauchbar! Als das Schiff in zwei Teile zerbricht, springen die Menschen von Bord, klammern sich an alles, was greifbar ist. Doch nur zehn Passagiere der ›Saint Géran‹ erreichen die rettende Île d'Ambre und überleben diese Schiffskatastrophe.

In den 1960er-Jahren begannen archäologische Tiefsee-Expeditionen mit der Suche nach dem Wrack: 1966 konnten französische Taucher schließlich verrostete Gegenstände bergen, darunter einige Piasterstücke und die Schiffsglocke, die seither im Marinemuseum von Mahébourg zu sehen ist [s. S. 71 f.]. Das Wrack selbst ist für erfahrene Taucher ein beliebtes Ziel: In etwa 10 m Tiefe lassen sich noch Anker und Kanone zwischen allerlei Algenbewuchs und Fischschwärmen erahnen.

21 Île aux Aigrettes

TOP TIPP

Eine Exkursion in die Öko-Geschichte – auf dem Inselchen wachsen einzigartige mauritische Pflanzen.

Nur 1 km von der mauritischen Südostküste entfernt haben Naturschützer auf der winzigen *Île aux Aigrettes*, der Insel der Silberreiher, in mühsamer Arbeit die Flora und Fauna erhalten bzw. wieder erschaffen – fast so, wie es vor 400 Jahren hier aussah: mit endemischer Küstenvegetation und einzigartigen Tieren, die es sonst auf ganz Mauritius nicht mehr gibt. Nicht nur für Biologen ist ein zweistündiger Ausflug in diese Naturoase lohnend. Man sollte Trinkwasser, Mückenschutz und Sonnenhut nicht vergessen – es wird ab 10 Uhr brütend heiß.

Geschichte   Die Insel war von den Holländern um 1598 ›Visschers Eiland‹ getauft worden. Als das gesamte Ebenholz gefällt war, das nach Europa exportiert wurde und dort viel Geld brachte, verloren sie ab Anfang des 18. Jh. das Interesse an dem Besitz. Die Franzosen wiederum brannten auf dem Eiland Kalk für den Export nach Réunion. Während des Zweiten Weltkriegs diente die Insel den Briten als Militärbasis im Indischen Ozean. Mehr als 100 Soldaten waren in festungsartigen Anlagen untergebracht, von denen heute noch einige Überreste zu sehen sind: etwa die riesige restaurierte *Kanone* und ein *Ausguck*, von dem sich eine fantastische Weitsicht über Meer, Nachbarinseln und Mauritius bietet. Danach betrieb ein privater Besitzer hier Schafzucht – wiederum mit verheerender Auswirkung auf die einheimische Flora und Fauna: Man pflanzte als Futter jede Menge Giant Acacia *(Leucaena leucocephala)*, ein grünes Mimosengewächs, das sich

Zur Erinnerung an die Tragödie trug vor allem der Roman von Jacques Henri Bernardin de St. Pierre bei: Jahrzehnte nach dem Unglück nahm der junge französische Dichter während seines Aufenthalts auf Mauritius (damals noch Île de France) diese wahre Begebenheit als Grundlage für seine 1788 erschienene **Liebesgeschichte ›Paul et Virginie‹**. Darin wird beschrieben, wie die junge Virginie, die zu Besuch in Frankreich war, bei der Rückkehr zu ihrem geliebten Paul nach Mauritius in den Fluten vor ihrer Heimatinsel ertrank. Nach der Havarie wollte sie sich aus Scham nicht ihrer Kleidung mit dem schweren Reifrock entledigen, der sie unweigerlich in die Tiefe zog. Wie es sich für eine romantische Tragödie gehört, stirbt nach dem Tod seiner Geliebten auch Paul – an gebrochenem Herzen.

Das literarische Liebespaar hat im Laufe der Jahrhunderte Maler inspiriert, die Geschichte ihres tragischen Endes wurde in 30 Sprachen übersetzt und sogar verfilmt: In der Kolonialvilla eines Zuckerbarons bei Riche en Eau nordwestlich von Mahébourg fanden die Dreharbeiten statt. Ein Gedenkobelisk in Poudre d'Or im Norden der Insel und ein Bronzedenkmal in Curepipe [s. S. 103] erinnern an die tatsächliche Tragödie wie auch an die beiden Romanhelden Paul und Virginie.

rasant ausbreitete und bald die ganze Insel überwuchert hatte. 1965 erklärte die Regierung die Île aux Aigrettes zum **Naturreservat**. Trotzdem wurde weiterhin illegal Holz gefällt, bis 20 Jahre später die **Mauritius Wildlife Foundation** (MWF) die Kontrolle übernahm. Inzwischen ist die kleine Insel für Touristen zugänglich.

Besichtigung Auf den ersten Blick wirkt die Île aux Aigrettes fast unwirtlich: 25 ha flacher Inselboden aus schroffem Kalk- und Korallengestein, überzogen mit einem niedrig gewachsenen grünen Teppich aus Pflanzen, im Inneren einige nicht zugängliche Höhlen, die als Lebensraum für Flughunde dienen.

Insgesamt sind 13 bedrohte Pflanzenarten auf der Île aux Aigrettes heimisch, darunter weiß blühende Orchideen namens Aphrodite, die vor allem im Oktober/November ihren verlockenden Duft verbreiten. Das erste Ziel der Ökologen war die Ausrottung der Ratten, die Früchte und Sprösslinge fraßen und 1991 endlich besiegt waren. Seither werden die Spitzmäuse gejagt, die vor rund 300 Jahren – wie die Ratten – an Bord der Schiffe aus Asien nach Mauritius gelangten. Sie fressen mit Vorliebe die Eier des endemischen, vom Aussterben bedrohten *Green Lizard*, eine giftgrünen Eidechse. Erst wenn auch diese Nager besiegt sind, können weitere gefährdete Tierarten hier ausgesetzt werden, etwa die *Keel-scaled Boa* und der *Gecko Phelsuma*, der eine grüne Färbung mit roten, oft auch gelb-blauen Flecken zeigt. Unbestrittener Star der Fauna der Île aux Aigrettes ist die **Pink Pigeon** (Rosafarbene Taube). Sie war be-

Auf Öko-Exkursion – die hohe Warte gewährt Rundumsicht über die Île aux Aigrettes

Landschaftspflege im Naturpark Le Val – hier wird noch per Hand das Unkraut gezupft

reits von dem kleinen Eiland verschwunden und galt lange Zeit als vom Aussterben bedroht: Nur noch 15 bis 20 Vögel zählten die Tierschützer 1985 in der Nähe von Grand Bassin auf Mauritius [s. S. 89]. Heute wird die winzige Insel wieder von rund 100 Tieren bevölkert.

Ebenso wurde der **Kestrel**, der Mauritius-Falke, auf der Insel wieder in die freie Wildbahn entlassen: Seit 1989 wurden 20 Exemplare dieser selten gewordenen Spezies auf der Île aux Aigrettes freigelassen. Auch die Aldabra-Riesenschildkröte wurde ausgewildert, die nicht nur anhand ihrer Größe, sondern auch an ihrem verhältnismäßig kleinen Kopf eindeutig zu erkennen ist.

Mittlerweile haben auf der Insel die angesetzten mauritischen Bäume und Pflanzen wieder Wurzeln geschlagen, z.B. der niedrig wachsende *Bois d'Ebène*, der Ebenholzbaum (Diospyrus egrettarum), der nicht zu verwechseln ist mit der hoch wachsenden schwarzen Sorte aus den Bergwäldern. Ebenso finden wir Exemplare der Vacoas-Palme *(Pandanus vandermeerschii)*, die Flaschenpalme (Round Island Bottle Palm; *Hyophorbe lagenicaulis*), der Drachenpalme (Bois de Chandelle; *Dracaena concinna*) mit ihren nadelspitzen Blattbüscheln und der Bois de Rat (Rattenbaum; *Tarenna borbonica*) auf der Insel. Letzterer entpuppt sich als mannshohes Pflänzchen mit gesprenkelten, vorne abgerundeten Blättern, das im Laufe seines Lebens eine wundersame Verwandlung (Polymorphose) zum widerstandsfähigen Baum durchmacht. Der Bois de Bœuf, der Ochsenbaum *(Gastonia mauritiana)* ist übrigens ein Laubbaum mit weit ausgereiften, Schatten spendenden Ästen, der an den mauritischen Stränden von den rasch wachsenden Filaos verdrängt wurde.

ℹ **Praktische Hinweise**

Touren

Der von einem Naturschützer geleitete Ausflug kann über die *MWF* (s.u.) gebucht werden. Die Boote starten am Pier des Hotels Le Preskîl Beach Resort [s. S. 73] bei Mahébourg (Mo–Fr 9.30, 10, 10.30, 13.30 und 14, Sa 9.30, 10 und 13.30, So 9.30 und 10 Uhr, Überfahrt: 15 Minuten). Auf der Insel erhält man im Besuchercenter

und bei der anschließenden Führung einen Überblick über die inseltypische Flora und Fauna. Die angelegten Pfade sollten dabei nicht verlassen werden. Reservierung der ca. 1,5-2 Std. andauernden Führung über:

Mauritian Wildlife Foundation (MWF), Hauptbüro: Grannum Road, Vacoas, Tel. 631 23 96, www.mauritian-wildlife.org, www.ile-aux-aigrettes.com

22 Le Val Nature Park

Abstecher in eine idyllische Oase im Landesinneren.

Die Landstraße B 84, die von Mahébourg aus in nordwestlicher Richtung über *Riche en Eau* führt, einem Zentrum der Zuckerrohrverarbeitung, schwingt sich kurvenreich hinauf bis nach Saint Hubert. Hier hat sich der Landschaftspark Le Val (tgl. 9–17 Uhr) zum beliebten Ausflugsziel von Einheimschen und Inselurlaubern

entwickelt. Bereits die rund 12 km lange Anfahrt stimmt mit ihren reizvollen Ansichten auf das bald erreichte Erholungsgebiet ein. Man taucht ein in Alleen mit altem Baumbestand, passiert Zuckerrohrfelder und die Zuckerfabrik *Rose Belle* mitsamt ihrem schlossartigen Anwesen. Dann durchquert man Ananasplantagen und kleine Dörfer mit bunten Hindu-Tempeln und auffällig vielen Moscheen, in deren Eingängen weiß gekleidete Moslems lehnen. Beim Blick zurück erscheint immer wieder der so charakteristisch profilierte Montagne de Lion, der vor dem Indischen Ozean geradezu lässig an der Küste zu liegen scheint.

Schließlich mündet die Straße (gegen Ende ein Schotterweg) in ein Tal, das von sanft geschwungenen und bewaldeten Berghängen gebildet wird. Hier erholen sich die Mauritier am Wochenende unter Palmen und Riesenfarnen, an Bächen und Wasserfällen. Auf einem See vergnügen sich Liebespärchen und ganze Kinderscharen beim Tretbootfahren, nebenan

üben sich Familien im Fun-Fishing: Die geangelten *Red Snapper* und *Tilapia* (Buntbarsche) darf man behalten. Für Kinder bietet der Park außerdem: eine kleine Eisenbahn, Ponyreiten, Riesenschildkröten, ein paar Rehe, Schafe, Makaken und viele bunte Vögel.

Darüber hinaus kann man in Le Val mehrere Bananenplantagen durchstreifen, an Teichen flanieren, in denen Karpfen, Riesengarnelen und Wasserkresse gezüchtet werden, oder Blumenhäuser begutachten, wo auch Anthurien (*Andreanum*) mit ihren großflächigen Blüten in Rot, Rosa und Weiß gedeihen.

ℹ Praktische Hinweise

Restaurant

Le Val, Le Val Nature Park, Tel. 633 50 51. Open-Air-Restaurant mit landestypischen Speisen, aber auch Kreationen aus Indien, China und Europa, z. B. Currys von Fisch und Shrimps aus eigener Zucht (abends geschl.).

Der Süden – auf der Spur des Falken

Von ihrer ganz und gar wilden Seite präsentiert sich die Insel Mauritius an der Südküste, wo schroff-bizarre Berge mit ihren Ausläufern als spitze Landzungen im Meer enden. Der Indische Ozean prallt hier mit aller Macht, geschoben vom Südostmonsun, gegen die rauen Klippen, etwa bei **Le Souffleur** oder dem Kap **Le Gris Gris**, dem südlichsten Punkt der Insel.

Ein unvergleichliches Farbenspiel bieten die **Terres de Couleurs** in Chamarel: die Vulkanerde leuchtet bei Sonnenschein von sattem Rotbraun bis zu hellgelbem Ocker. Wer im **Black River Gorges National Park** wandert, sieht mit etwas Glück den faszinierenden Mauritius-Falken oder die Rosafarbene Taube, die bis vor kurzem noch vom Aussterben bedroht waren. Nirgendwo stürzen mehr **Wasserfälle** in tiefe Schluchten, nirgendwo eröffnen sich bessere Aussichten über die Küste. Im Nationalpark ist auch der mit 828 m höchste Inselberg gelegen, der **Piton de la Petite Rivière Noire**, der sich wunderbar auf einem längeren Spaziergang erkunden lässt und fantastische Weitsichten auf die umliegende Landschaft bietet. Ist es beim Wandern ruhig und einsam, wird es umso belebter am ›heiligen See‹ **Grand Bassin**, wenn im Februar/März ›die Nacht Shivas‹ anbricht und Hunderttausende Pilger sich am Ufer des Kratersees zum Gebet versammeln.

23 Le Souffleur

Die Macht des Indischen Ozeans.

Die windumtosten Klippen bei Le Souffleur sind ein beliebtes, wenn auch reichlich feuchtes Ausflugsziel. Hier, tief im Süden der Insel, hält kein Riff bei starkem Seegang die gewaltigen Brecher des Indischen Ozeans zurück. Schon die Anfahrt vom Ort **L'Escalier** ist rau und nichts für Zartbesaitete: Erst geht es an der modernen Zuckerfabrik Savannah und den Mauerresten der alten Savinia-Fabrik unter gigantischen Banyanbäumen vorbei, dann auf der Le Souffleur Access Road durch ein Labyrinth wogender Zuckerrohrfelder (ausgeschildert), anschließend durch ein Tor (tgl. 6–18 Uhr) und endlich über einen steinigen Schotterpfad der ca. 2 km entfernten Küste entgegen. An der Aussichtsstelle, wo die mächtigen Wellen gegen die lavaschwarze Küste prallen, bläst der Wind unerbittlich. Zur Sicher-

In Saus und Braus – Urgewalten sind an den Klippen bei Le Souffleur zu erleben

heit wurde an einigen besonders gefährlichen Stellen ein Holzzaun errichtet, ungeachtet dessen bleibt der Anblick des immer wieder tosend aufschäumenden Meeres für den Urlauber wie auch die einheimische Bevölkerung ein unvergessliches Erlebnis.

Seinen Namen Le Souffleur (frei übersetzt: Blasloch) hat dieser Küstenabschnitt aus der Zeit vor etwa 100 oder 200 Jahren: Bei hohem Wellengang schossen die anbrandenden Wassermassen durch einen schmalen Durchlass im Felsen in die Höhe und traten in gewaltiger Eruption unter Getöse als haushohe Fontäne wieder hervor. Mit der Zeit hat sich das Naturschauspiel ein wenig beruhigt, da die enge Passage von den Wellen langsam aber stetig weitend ›ausgefressen‹ worden ist – trotzdem grummelt und zischt das Meer an dieser Stelle immer noch. Und der Anblick der ungebremsten Elemente ist gerade bei starkem Seegang Respekt einflößend. Da Le Souffleur weitab der belebten touristischen Zentren liegt, sollte man sicherheitshalber das Auto absperren, da es hier schon vorgekommen ist, dass sich Diebe zu schaffen machten.

24 La Vanille Crocodile Park & Nature Reserve

Ein dschungeliges Tal, in dem sich Krokodile und Insekten wohl fühlen.

In einem engen Flusstal südlich des Ortes *Rivière des Anguilles* findet sich der Besucher plötzlich inmitten einer ursprünglichen, fast dschungelähnlichen Vegetation wieder – feucht, schweißtreibend und voller Mücken. Auf dem Terrain einer ehemaligen Vanilleplantage ist die **Krokodilfarm La Vanille** (Tel. , 626 25 03, www.lavanille-reserve.com, tgl. 9.30–17 Uhr, Fütterungszeit ca. 13.30 Uhr). Die Besitzer züchteten früher Nilkrokodile für die Lederproduktion, die ersten Tiere stammten aus Madagaskar. Auf der 3,5 ha großen Anlage tummeln sich in den Teichen und Käfigen mehr als 1500 Krokodile, von Babys bis hin zu greisen, kampfgezeichneten Exemplaren. Ausgewachsene Tiere bringen bis zu einer halben Tonne auf die Waage. Besuchergruppen streifen durch das tropisch dicht bewachsene Gelände und können in dem Minizoo nähere Bekanntschaft mit weiteren Inselbewohnern machen – insgesamt 500 Riesen-

*Eleganter Sprung ins kühlende Nass am Fuße
der idyllischen Rochester Falls nahe Souillac*

schildkröten bevölkern den Park, darüber
hinaus gibt es noch Iguanas, Schlangen
und Chamäleons, Igel, Wildschweine und
nicht zuletzt Affen. Die 23 000 Schmetterlinge und Insekten im *Insectarium* sind
eine wahre Augenweide. Und Kinder
können sich auf dem Dschungelspiel-
platz austoben.

ℹ️ Praktische Hinweise

Restaurant
Le Crocodile affamé, La Vanille, Senneville, Rivière des Anguilles, Tel. 6 26 25 03.
Freiluftbar und kreolisch-internationales
Restaurant namens ›Hungriges Krokodil‹
im Naturpark. Spezialität? Natürlich Kro-
kodilfleisch (schmeckt wie Hühnchen).
Außerdem gibt es weitere Snacks und
eine gute Weinauswahl. Souvenirshop
mit allerlei Krok-Waren.

25   Souillac

*Hafenstädtchen, Kap mit Aussicht
und ein imponierender Wasserfall.*

Der kleine frühere Hafen des Provinz-
städtchens Souillac an der Mündung der
Rivière Savanne ist ein Ort, wo die Zeit
stehen geblieben zu sein scheint. Am Kai
bei Batelage schwanken nur ein paar Fi-
scherkähne im trägen Wasser und Urlauber trinken ein kühles Bier unter Schatten
spendenden Bäumen – Siestastimmung
macht sich breit. Kaum zu erahnen, dass
an diesem Fleck Erde vor 200 Jahren hek-
tischer Trubel herrschte. Souillac war
einst der Hauptort des Südens und Hei-

*Immer mit der Ruhe: Riesenschildkröte auf
der Krokodilfarm La Vanille*

mathafen der Frachter und Segelkähne,
der ›Chasse Marées‹, die von hier aus mit
Holz, Arrak und Indigo sowie dem begehrten Zuckerrohr Richtung Port Louis
in See stachen. Von den damaligen groß-
en *Zuckerfabriken* Saint Aubin, Fontenelle
und Terracine sind heute nur noch Ruinen übrig, darüberhinaus haben sich
mehrere Landsitze der Besitzer erhalten.

Einige Gebäude im **Zentrum** Souillacs
stammen noch aus der Kolonialzeit, etwa
das Polizeihauptquartier mit seinem einfachen Holzdach und das Gerichtsgebäu-
de, das ehemalige Lagerhaus für Zucker
aus dem 19. Jh. (heute Restaurant, s. u.), die
schöne alte Post im ehemaligen backstei-
nernen Bahnhof (1877) und die Kirche St.
Jacques aus dem Jahr 1856.

Ein auffälliges Haus in Strandnähe – **La
Nef**, vollkommen aus Korallengestein erbaut – diente einst **Robert Edward Hart**
(1891–1954) als Wohnsitz, einem über die
Landesgrenzen hinaus berühmten mauritischen Dichter. In seinen sowohl in
England als auch in Frankreich sehr er-
folgreichen Werken pries er die Land-

schaft seiner Heimat und die kulturelle Vielfalt der Mauritier. Wie er hatten sich in der ersten Hälfte des 20. Jh. viele einheimische Intellektuelle nach Souillac zurückgezogen. Heute informiert hier ein kleines **Museum** (Mo–Mi 9–14, Do–Fr 9–16, Sa/So 9–12 Uhr, Tel. 625 61 01) über Harts Leben und Schaffen. Gezeigt werden einige Gedichte in Kopien und die Geige des Hausherren im Original.

Rätselhaftes Gris Gris

Vom Ende der Uferpromenade hat man bei Le Gris Gris einen fabelhaften Ausblick auf das in der Regel tosende Meer. Auch wenn der von Klippen umrahmte Strand verlockend aussieht, das Baden ist an dieser Stelle lebensgefährlich. Daher sollte man sich wie alle Ausflügler hier auf das Sammeln von Muscheln und Krebsen und auf Picknicks beschränken oder einfach nur die Meeresbrise genießen. Über die Herkunft des Namens ›Gris Gris‹ rätselten die Stadtschreiber lange Zeit. Für die einen ist es ein Ort der schwarzen Magie, andere leiten den Namen vom

ewig *grauen* und feuchten Schleier des Ozeans an dieser Stelle ab.

Naturschauspiel Rochester Falls

TOP TIPP Nahe von Souillac stürzen die **Rochester Falls** in die Tiefe (ausgeschildert, ca. 3 km langer Abstecher in nordwestlicher Richtung. Wenn sich der Schotterweg in den Zuckerrohrfeldern in mehrere Richtungen verästelt, stets weiter geradeaus fahren). Die *Rivière Savanne* rauscht hier versteckt zwischen Zuckerrohrfeldern und Wald über einen rund 10 m hohen Abbruch im Felsen. Auffallend sind die säulenförmigen Gesteinsformationen unterschiedlicher Höhe, von denen Jugendliche gewagte Sprünge ins Wasserbecken vollführen – ein höchst gefährliches Unterfangen. Das natürliche Becken eignet sich hingegen hervorragend zu einem erfrischenden Bad inmitten der idyllischen Waldkulisse.

Nahe Strände

Zwischen Souillac und dem Nachbarort Surinam im Westen passiert man kilome-

Erfrischung gefällig? Mauritius hat maritime Leckereien in traumhafter Lage zu bieten

terlange schöne Strände – mehr oder weniger ruhig, dort wo das Korallenriff intakt ist und die Küste vor den ungebremsten Wellen schützt. Palmen stehen am Strand von **Riambel**, tückisch wegen der Strömung ist das Baden beim etwas weiter westlich liegenden **Pomponette**, und am **Pointe aux Roches** hat sich sogar ein Bungalowhotel angesiedelt – hier finden Surfer die geeigneten Wellen, am Strand spenden windzerzauste Filaos Schatten. In der **Baie du Jacotet** kann man bei Ebbe zur winzigen **Îlot Sancho** laufen, die mit Sträuchern bewachsen ist.

Auch um diese Küstengegend ranken sich Geschichten von Schatzsuchern, Schiffbrüchigen und Kriegsveteranen. So

Belebendes Blütenbad: Die Spa-Bereiche der mauritischen Hotels sind überaus luxuriös

soll auf Sancho ein Schatz liegen und bei **Bel Ombre** steht ein Gedenkstein: 1923 ereignete sich weit draußen im Indischen Ozean die Havarie der ›Trevessa‹. Die Schiffbrüchigen erreichten nach mehr als 2000 km langer Odyssee im Rettungsboot an dieser Stelle das rettende Ufer.

ℹ Praktische Hinweise

Hotel

Mövenpick Resort & Spa, Allée des Cocotiers, Bel Ombre, Tel. 623 50 00, www.moevenpick-hotels.com. Luxushotel im Zentrum des Naturparks gelegen mit mehreren Restaurants, Privatstrand und großzügigem Pool.

Restaurant

Le Battelage, Village des Touristes, Port Souillac, Tel. 625 60 83. Am alten Hafen gelegenes Restaurant in einem rustikalen Lagergebäude für Zucker aus dem 19. Jh. Man speist – draußen um einen Springbrunnen sitzend, drinnen bei abendlicher Pianomusik – vorwiegend Meeresfrüchte, nach kreolischen und europäischen Rezepten zubereitet. Allein Lage und Ambiente rechtfertigen die für Mauritius hohen Preise.

26 Baie du Cap (Macondé)

Spektakulärste Straßenkurve der gesamten Insel.

Im Hinterland türmen sich die Montagnes Savanne allmählich zu imposanten Gebilden, während die palmengesäumte Küstenstraße ab dem kleinen Fischerdorf **Baie du Cap** einen nahezu dramatischen Verlauf nimmt. Vor Jahrmillionen ergossen sich Lavaströme aus Feuer speienden Kratern und schufen die heute so zerklüftet anmutende Südküste. Hier kreierte die erkaltende Lava eine weitläufige in den Ozean ragende Landzunge, der die schmale Straße folgt, bis sie in einer Haarnadelkurve die Felsspitze umschlingt und in die Gegenrichtung abschwenkt. Ein kurzer Stopp mit dem Auto, das man am besten gleich oder nach der Kurve in einer der Nischen parkt, lohnt sich wirklich: wenn der Urlauber an der engsten Stelle den Felsen besteigt, wird er mit einer atemberaubende Aussicht auf den Ozean belohnt. Macondé heißt dieser Punkt, der von Westen aussieht, als

Waghalsige Straßenführung am Meer – die unglaubliche Kurve der Macondé bei Baie du Cap

rage eine Krokodilschnauze ins Meer. Benannt wurde die Landspitze nach dem Gouverneur Jean Baptiste Henri Condé, der hier bereits vor 250 Jahren einen Ausguck errichten ließ.

Hinter Macondé schlängelt sich die Straße weiter um die tief ins Land einschneidende Bucht und die Mündung der *Rivière du Cap*, dem ein kleiner Strand folgt. In der Bucht sitzen häufig Angler, Fischersleute bestücken ihre handgearbeiteten Reusen mit Algen oder Muscheln als Köder. Vor allem in der Zeit zwischen Juni und August versuchen hier am Baie du Cap zahlreiche Surfer ihr Glück im Spiel und Kampf mit den heranbrechenden Wellen.

Praktische Hinweise

Restaurant

La Trevessa, Royal Road, Baie du Cap (kein Tel.). Kleines Lokal mit Terrasse und einheimischen Gerichten, serviert werden auch Snacks und Fisch.

27 Le Morne Brabant

TOP TIPP
Sport, Unterhaltung und eine Badeinsel im Schatten eines historisch bedeutsamen Berges.

Am äußersten Südwestzipfel von Mauritius haben sich zu Füßen des markanten Berges Le Morne Brabant in dem kleinen Ort Le Morne einige Hotels, Kasinos, ein Reitstall und ein Golfklub mit einem 18-Loch-Platz samt zugehörigen Hotel angesiedelt. Der grün überwucherte **Morne Brabant** (556 m) erhebt sich unverkennbar und allbeherrschend auf der von traumhaften Stränden gesäumten Halbinsel und riegelt die Ferienanlagen fast gänzlich vom Hinterland ab – wäre da nicht die kleine Zufahrtsstraße zum Meer. Östlich des Berges, etwa in 3 km Entfernung, ragt sein 40 m höherer Kompagnon **Piton du Fouge** (596 m) auf.

Über den Morne Brabant erzählen die Mauritier eine traurige Geschichte vom Ende der Sklavenzeit: Entflohene Sklaven fanden jahrelang Zuflucht auf dem abgelegenen Berg. Anlässlich der Abschaffung der Sklaverei 1835 erklommen am 1. Februar desselben Jahres einige Polizisten den Gipfel, um die Geflohenen über ihre neu erlangte Freiheit zu informieren. Tragischerweise verstanden die auf dem Berg verweilenden Schwarzen das Auftauchen der Uniformierten falsch – und stürzten sich aus Furcht in die Tiefe. Im Angedenken an die Opfer wurde auf dem Gipfel des Morne Brabant nicht nur ein Kreuz errichtet, sondern auch der 1. Februar zum Nationalfeiertag erklärt. Darüberhinaus ernannte 2008 die UNESCO den Berg wegen seiner tragenden Rolle im Kampf um die Befreiung der Sklaven zum Weltkulturerbe.

Wer auf den steilwandigen Koloss klettern möchte, muss im Felsenklettern geübt sein und darf dies nur in Seilschaft

Luxus am Morne Brabant – entspannende Atmosphäre unter Palmen im Hotel Paradis

und mit Genehmigung. Wagemutige bekommen neben grandiosen Blicken über die Westküste mit etwas Glück auch noch die seltene, prächtig weiß oder karminrot blühende Nationalblume *Trochetia* zu Gesicht.

Der kleine Fischer- und Urlaubsort **Le Morne** schmiegt sich an die dem offenen Meer zugewandte Westflanke des Morne Brabant. Der öffentliche Strand zwischen den Hotels Les Pavillons und Le Paradis sowie an der südlichen Hälfte der Halbinsel ist unter der Woche fast leer, an Wochenenden und Feiertagen finden sich dort picknickende, musizierende und Sega tanzende Mauritier ein. Der Rest des 4 km langen weißen Ufersaums ist den Hotels der Luxusklasse vorbehalten. Wegen des ruhigen Meerwassers schätzen besonders Surfanfänger die Peninsula.

Île aux Bénitiers

In der kristallklaren Lagune nördlich der Halbinsel liegt die nur 2 km lange und etwa 500 m breite Île aux Bénitiers. Die Insulaner bauten hier früher Kokosnüsse an und vertrieben Produkte aus deren Fasern – vor allem Besen und Bürsten. Heute wird die Insel ihrer einsamen Strände wegen von Ausflugsbooten an-

gesteuert, die in den Hotels oder im nördlichen Fischerort Grande Rivière Noire angeheuert werden können.

Für die Insel namensgebend sind die oft metergroßen **Bénitier-Muscheln**, die heute nur noch selten zu finden sind. »Mördermuscheln«, schimpften die Seeleute, als man sich Geschichten von Tauchern erzählte, die in ihrem Schlund festgehalten wurden und dadurch ertrunken seien. Geschätzt wurden sie wiederum wegen ihrer besonderen Form, weshalb sie oft in Kirchen als Weihwasserschalen Verwendung fanden. Wer sie auf Souvenirmärkten umgearbeitet zu Vasen oder Seifenschalen findet, sollte die Finger davon lassen – sie sind artengeschützt und gehören ins Meer, nicht als Dekoration in die Schrankwand zu Hause.

ℹ️ Praktische Hinweise

Hotels

TOP TIPP **Lux* Le Morne**, Le Morne Plage, Tel. 401 40 00, www.luxislandresorts.com. Elegante, lang gestreckte Bungalowanlage im Kolonialstil zu Füßen des Morne Brabant. Schon die Lobby bietet einen atemberaubenden Ausblick auf den Pool und den flach abfallenden Strand. Drei erstklassige Restaurants, eine perfekte Sega-Show am Abend, alle Varianten des Wassersports. Am 500 m langen Strand spenden Strohhütten wohltuenden Schatten.

Paradis Hotel & Golf Club, Case Noyal, Le Morne Brabant, Tel. 401 50 50, www.paradis-hotel.com. Hervorragendes Hotel: strohgedeckte, zweistöckige Häuser in einem tropischen Garten und luxuriöse Villas mit sehr behaglichen Zimmern. Zwei Pools, vier Restaurants, Kasino, Tennis- und Golfplatz gehören ebenso dazu wie Schnorchelausflüge und Hochseefischen.

Villa Le Morne 2, Le Morne Brabant, Buchung unter Tel. 2 83 99 64, Fax 2 83 96 86. Direkt an den Hang des Morne Brabant schmiegt sich dieses ruhig gelegene Häuschen mit drei Apartmentzimmern, Küche, Balkon, Terrasse und kleinem Pool.

Restaurant

La Palma, im Hotel Paradis, Tel. 401 50 50. Exquisites italienisches Restaurant in einem der elegantesten Hotels der Insel.

28 Chamarel

Ein spektakulärer Wasserfall und wundersame Farbspiele der Erde.

Die Straße B 103 mit den meisten Kurven auf Mauritius windet sich vom Ort Grande Case Noyale an der Küste in östlicher Richtung in die bergigen Höhen des Black River Gorges National Park [s. S. 87] und auf die Plaine Champagne im Inselinneren. Immergrün strotzt die Flora mit Farnen, Ravinal-Palmen, Bananenstauden, wilden Guaven, Bambus und den Aloe-Pflanzen, aus denen Körbe geflochten werden. In Schwindel erregender Höhe, ca. 3 km von der Küste entfernt, erreicht man den winzigen Ort Chamarel, der vor allem bekannt ist für seine Kaffeeplantagen: Ein französischer Kapitän namens François Regis Chazal de Chamarel hatte die Plantagen im 18. Jh. gegründet. Von dort beziehen die Mauritier noch heute ihren einheimischen Kaffee. Auch Palmen, in Reih und Glied stehend, werden hier aufgezogen – als Nachschubquelle für den beliebten Cœur de Palmiste-Salat, der aus den wertvollen Palmenherzen hergestellt wird [s. S. 125]. Die kleine *Kirche Ste. Anne* am Ortsanfang ist all-

Tiefer Fall des Flusses St. Denis – Cascade Chamarel in den Bergen von Rivière Noire

jährlich an Mariä Himmelfahrt (15. August) Ziel vieler katholischer Wallfahrer. Dann verwandelt sich die sonst eher verträumte Ortschaft in einen kleinen trubeligen Jahrmarkt mit vielen bunten Ständen und Imbissbuden.

Verlässt man Chamarel auf der B 104 in südlicher Richtung, kommt man an dem kleinen Örtchen Cachette vorbei und gelangt nach etwa 2 km zur beeindruckenden **Cascade Chamarel**. Inmitten einer dschungelig wuchernden

Farbspiel der Erde – in den Terres de Couleurs zeigt die Natur ein überaus buntes Gesicht

Landschaft stürzen die Wasser des *Rivière St.Denis* abrupt und ohne Umwege über zerklüftetes Felsgestein in ein tiefes Bassin: 127 m hoch sind die schäumenden Kaskaden, deren Pracht und Stärke von Jahreszeit und Wasserstand abhängig ist.

Sportlich ambitionierte – und schwindelfreie – Urlauber können sich im **Parc Aventure Chamarel** (Tel. 234 53 85, www.parc-aventure-chamarel.com, Do–Di 9–16 Uhr, Reservierungen mind. 48 Std. im Voraus) im Klettergarten auf zwei unterschiedlich schwierigen Parcours von Baum zu Baum hangeln. An Stahlseilen und über Hängebrücken geht es in luftiger Höhe durch den Tropenwald.

Von der B 104 zweigt rechts in westlicher Richtung die Straße ab, die den Besucher nach 1 km mit einem geologischen Phänomen überrascht. **Terres de Couleurs** (tgl. 7–17.30 Uhr), die ›Farbige Erde‹ von Chamarel, ist eine viel besuchte Attraktion. Auf einem Hügel leuchtet die nackte, gewellte Erde in verschiedenen Farbnuancen. Auf den ersten, flüchtigen Blick ist meist nur Rotbraun zu erkennen. Sieht der Besucher aber genauer hin, offenbart sich die in der Erde verborgene Farbenpracht: da schillert es von Ocker über Gelb, Lila, Rosa bis hin zu sattem Rot und Rotbraun, sogar Blautöne will manch ein Betrachter festgestellt haben. Wissenschaftler erklären die unterschiedlichen Farbtöne mit dem vulkanischen Ursprung der Erde und ihren Lava- und Mineralablagerungen. Am faszinierendsten entfaltet sich die Farbenpracht bei Sonnenschein und im Morgenlicht, zu anderen Zeiten könnte das Farbwunder weniger beeindruckend ausfallen.

ℹ️ Praktische Hinweise

Restaurants

Le Chamarel, La Crête, Chamarel (ca. 2 km vor Terres de Couleurs), Tel. 483 64 21, le-chamarel.restaurant.mu. Großes Ausflugsrestaurant mit luftiger Veranda und herrlichem Blick über die nahe Küstenlinie zwischen Le Morne und Tamarin. Viele Reisegruppen, daher meist internationales, nicht gerade günstiges Büfett oder Dreigängemenüs. Viele Wildgerichte und Weine sowie Kaffee von der eigenen Plantage. Für Gruppen wird eine Reservierung empfohlen (tgl. 12–15 Uhr, Dinner auf Anfrage).

29 Black River Gorges National Park (Gorges de la Rivière Noire)

TOP TIPP

Wilder Urwald, tiefe Schluchten, tosende Wasserfälle – ein Dorado für Naturfreunde und Wanderlustige.

Immer höher schraubt sich die Straße B 103 von Chamarel gen Osten, hinauf zur **Plaine Champagne**, ein rund 740 m hohes Zentralplateau zwischen den Gebirgszügen von Rivière Noire und Savanne. Bei Le Pétrin ist das Verwaltungszentrum des Black River Gorges National Park erreicht, den mehr als 60 km Wanderwege durchqueren. Dieses Naturreservat ist mit 6574 ha das landesgrößte Schutzgebiet und bedeckt 3,5 Prozent der Insel. Von der Hochebene wie auch den Ausläufern der nördlich angrenzenden Schlucht des Black River (Rivière Noire) bieten sich zahlreiche unvergessliche Ausblicke auf die umliegenden Berge: den inselhöchsten *Piton de la Petite Rivière Noire* (828 m) und den klotzigen *Le Morne Brabant* über dem Meer, die markant gespitzten *Trois Mamelles* (›Drei Brüste‹) und den erhabenen *Montagne du Rempart* (777 m) fern im Norden. Längst erloschene Vulkane haben diese herbe Landschaft mit Schluchten und Flüssen, Kraterseen und Bergkämmen vor Jahrmillionen entstehen lassen. Die Natur hat sie über weite Strecken überwuchert. In den dichten grünen Wäldern, in denen seltene endemische Pflanzen gedeihen, hausen viele der für die Insel typischen Tiere, darunter einige ganz besondere. Kurzum: ein Muss für Naturliebhaber! Die Schwierigkeitsgrade der Wanderwege reichen vom leichten Spaziergang bis zum anstrengenden Trekking mit Höhenunterschieden bis zu 400 m. Mehr als 250 000 Besucher pro Jahr zählen die Parkwächter in diesem Nationalpark. Am eindrucksvollsten ist ein Besuch während der Blütezeit zwischen September und Januar. Wegen der häufigen Regenfälle (3500 mm pro Jahr) sind eine Regenjacke und feste Schuhe mit Profil zu empfehlen.

Vom **Pétrin Information Center** an der B 103 führt ein Spazierweg durch den **Macchabée Forest**. Schon im Lauf der ersten 20 Minuten trifft der Wanderer zwischen hohen Hecken und Ravinals auf mehrere Aussichtspunkte in Richtung Piton de la Petite Rivière Noire, der sich so gar nicht als Allerhöchster präsentiert, eher schon als kleiner Zipfel im Grünen, der sich schüchtern gen Himmel reckt. Vom letzten Panoramapunkt nebst Picknickplatz hat man einen wunderbaren Blick in die Schlucht und auf die Kaska-

Berg und Tal: großartiger Fernblick von der Höhenstraße des Black River Gorges National Parks

den der **Black River Falls**. Wer gut zu Fuß ist, kann ab hier weiter auf und ab durch die Schlucht entlang des Black-River-Flusses und bis zur Küste hinunter wandern (ca. 3–4 Stunden, teils steil abwärts): Die Route verläuft durch dichten, ursprünglichen Regenwald mit bis zu 20 m hohen Baumriesen, darunter die an aufgespannte Regenschirme erinnernden *Bois de Natte*-Bäume, *Eukalyptus*, *Ebenholz* und die einheimischen, äußerst selten gewordenen und robusten *Tambalacoques*. Deren silberfarbene, kerzengerade Stämme halten sogar den stärksten Zyklonen stand. Auch die *Trochetia*, die Nationalblume von Mauritius, mit ihren weißen *(T. Triflora)* oder karminroten *(T. Boutoniana)* Blüten sowie Orchideen sind hier zu entdecken. Nicht ausgeschlossen sind ferner Begegnungen mit Flughunden und Schmetterlingen, Rehen und Wildschweinen – oder mit Einheimischen, die roten Pfeffer oder Guavenfrüchte sammeln. Mit etwas Glück erspäht man zudem wilde Affen und seltene endemische Vögel wie den Mauritius-Falken, den Papagei Echo Parakeet (Mauritius-Sittich) oder die Pink Pigeon, die Rosafarbene Taube.

Wer ab dem dritten Aussichtspunkt im Macchabée Forest denselben Weg wieder nach Pétrin zurückgeht, kann unter-

Zapfstelle für durstige Wanderer – die Ravinal-Palme heißt auch Baum des Reisenden

Gefiedert, gerettet und geschützt

Die teils zerklüfteten Berghänge auf Mauritius bieten einem Vogel Lebensraum, dessen Tage vor einem Vierteljahrhundert gezählt schienen: dem einzigartigen **Mauritius-Falken** (Falco punctatus; Kestrel). Lediglich vier Exemplare lebten 1974 noch auf der Insel, die letzten weltweit. Heute sind wieder ca. 800 dieser Tiere mit ihrem gepunkteten Federkleid in der rauen Bergwelt von Mauritius zu Hause – dank Tierschützern wie **Carl Jones**. Der gebürtige Brite hat auf Mauritius seine Lebensaufgabe gefunden. »Als ich ein junger Mann war, wollte ich immer Vögel vor dem Aussterben retten und alle haben gesagt: ›Ach sei doch nicht so verrückt.‹« Jones ist zu Recht stolz auf sein Werk. Er und seine Mitarbeiter der **Mauritius Wildlife Foundation (MWF)** haben nicht nur den mauritischen Falken gerettet, sondern außerdem die Rosafarbene Taube, den Mauritius-Sittich und viele andere gefiederte Inselbewohner.

Seine Falken kennt der Engländer nach zwei Jahrzehnten wie kein anderer: Ein Pfiff und schon fliegt ein Raubvogel herbei, um sich einen Leckerbissen aus Jones' Hand zu schnappen. Nach wenigen Momenten ist er geradezu umzingelt von den seltenen Falken, die es nur noch auf Mauritius gibt. »Diese Tiere zu beobachten ist wie eine Seifenoper«, verrät Jones. »Manche hassen sich, sie fechten Territorialkämpfe aus, sie geben an und sind, wenn sich ein Pärchen findet, extrem eifersüchtig. Und die Weibchen bringen die Männchen meist um.«

Zuerst wusste der Biologe nichts über die scheuen und kaum erforschten Vögel. Jahrelang kletterte er an den Felswänden zu den Nestern, studierte deren Paarungs- und Ernährungsgewohnheiten. »Ich wollte in ihr Gehirn hineinschauen, ich wollte sie verstehen!« Erst dann könne man diese Vögel züchten

wegs einen kleinen Abstecher nach rechts Richtung Süden zu den **Alexandra Falls** machen (6 km) – oder auch ganz bequem von Pétrin mit dem Auto dorthin fahren (ausgeschildert). Vom Aussichtsplateau an diesem rund 50 m hohen Katarakt bietet sich ein grandioses

und retten, versuchte er damals seinen Gegnern klarzumachen, die der Natur lieber ihren freien Lauf lassen wollten. Der Erfolg gab Carl Jones Recht. Heute kommen Ornithologen und Besucher aus aller Welt in den Black River Gorges National Park, um die gefiederten Prachtexemplare zu bewundern. Viele Mauritier haben noch nie einen einheimischen Falken gesehen – den Vogel, der laut Jones demnächst zum **Nationalvogel** von Mauritius ernannt werden soll.

Auch die Population der rosafarbenen **Mauritius-Taube** (Columbia mayeri) war um 1985 auf 15–20 Vögel geschrumpft. Die Ornithologen züchteten rund 100 Exemplare, ließen die Eier von herkömmlichen Tauben ausbrüten und setzten die Jungtiere behutsam in der Wildnis aus – mit Erfolg: Mehr als 300 Vögel zählten die Wissenschaftler zuletzt, die meisten leben auf der geschützten Île aux Aigrettes, im Black River Gorges National Park und rund um Grand Bassin.

Dank der weltweiten Unterstützung durch freiwillige Helfer konnten die mauritischen Tierschützer auch den **Mauritius-Sittich** retten, von dem 1987 nur noch

Der Stolz der Insel – den Mauritius-Falken erwarten nationale Ehren

Sanftes Wesen – selten ist die rosafarbene Mauritius-Taube

acht auf der Insel lebten – bedroht waren diese Vögel durch Raubtiere, Pilze und Bakterien. Heute sind es 120 Sittiche, die nach der Methode ›sanfte Auswilderung‹ in die Natur entlassen wurden und jetzt mit Nummernreif und Glöckchen durch die Wälder und die Schlucht des Black River flattern.

Nur ein Vogel auf Mauritius ist alles andere als scheu und rückt den Gästen laut lärmend in jedem Hotelgarten zu Leibe: der grau-braune **Maskarenen-Brillenvogel** hat etwa die Größe eines Spatzes und, da er überall auf der Insel vorkommt, ist er kaum zu übersehen.

Mauritian Wildlife Foundation (MWF), Hauptbüro: Grannum Road, Vacoas, Tel. 697 60 97, www.mauritian-wildlife.org.

Das Captive Breeding Center der MWF befindet sich in Grande Rivière Noire an der Westküste, nahe der Polizeistation [s. S. 99].

Panorama der Südküste mit Baie du Cap und dem tiefblauen Indischen Ozean im Hintergrund. Nicht weit entfernt liegt der am häufigsten besuchte Aussichtspunkt des Nationalparks, von dem sich rundum eine wunderschöne Bergkulisse in allen Grünschattierungen bewundern lässt.

Zur Rechten sieht man den imposanten Black-River-Wasserfall in die Schlucht schießen.

Abenteuerlustige wird der höchste Berg von Mauritius magisch anziehen. Allerdings sollte man sich nicht wundern, wenn man im Information Center des

Nationalparks – ausgerüstet mit Trekking-schuhen, Rucksack und Wasserflaschen – belustigte Blicke erntet: Der **Piton de la Petite Rivière Noire** (auch: Black River Peak) misst ja nur 828 m. Der Aufstieg beginnt ganz in der Nähe der Black-River-Gorges-Ausblicksterrasse und nimmt je nach Kondition 1–2 Stunden in Anspruch (insgesamt 6 km) – lediglich das letzte, recht steile Stück hat es in sich. Nach den besonders am Nachmittag zu erwartenden Regenschauern ist der schmale Pfad etwas schlammig, man klettert über Felsen und oftmals auch über umgestürzte Baumstämme. Guavenbäume mit ihren roten Früchten setzen farbliche Akzente, die *Ravinal* beeindruckt nicht nur durch seine 10–15 m Höhe, sondern vor allem wegen der Fächerförmigen Anordnung ihrer großflächigen Blätter. Wegen der Fähigkeit, Wasser zu speichern, wird die Ravinal auch der ›Baum des Reisenden‹ genannt. An einigen Bäumen sind die ›Zapfstellen‹ an den Ansätzen ihrer Blätter zu sehen. Schließlich belohnen die Aus- und Fernblicke vom Gipfel die Wanderer. Lediglich in westlicher Richtung versperrt an der Küste Le Morne Brabant den direkten Blick auf das offene Meer.

Speicherseen in Höhenlage

Von Pétrin aus können das in der Hochebene gelegene **Mare Longue Reservoir** und weiter nördlich, nahe Curepipe, die 250 m tief stürzenden **Tamarind Falls** mitsamt ihrem Reservoir zu Fuß besucht werden (ca. 3 Stunden, ausgeschildert, mit dem Auto erreichbar über das Dorf Henrietta, s. S. 105). Die Wassermassen der Tamarid Falls speisen das größte Wasserkraftwerk der Insel.

Mit dem Auto nach Norden Richtung Vacoas gelangt man nach ca. 4 km zum größten See des Landes (2,6 km²). Hinter einem hohen, 100 m langen Damm und von Kasuarinen umgeben verbirgt sich das **Mare aux Vacoas**. Sein Wasser dient nach der Aufbereitung zwei Dritteln der Bevölkerung als Trinkwasser. Etwa 3 km südlich von Pétrin beginnt schließlich ein leichter, etwa 4 km langer Weg, der die Wanderer zum idyllischen Kratersee **Bassin Blanc** bringt. Wer nicht zu Fuß an die Ufer des Bassin Blanc gehen möchte, kann diese auch bequem mit dem Auto erreichen.

ℹ️ Praktische Hinweise

Information

Le Pétrin Headquarter and Information Center, Black River Gorges National Park, an der Kreuzung B 103 und der Abzweigung nach Grand Bassin, Tel. 258 00 57 oder Tel. 464 40 16 (Hauptbüro in Réduit). Kleine Fotoausstellung zu Flora und Fauna des Nationalparks, zudem gibt es Kartenmaterial (Mo–Fr 8–15.15, Sa 8–11 Uhr).

*Schauen beim Speisen – das vorzügliche
Höhen-Restaurant Varangue sur Morne*

sichtspunkt an der Straße nach Grande
Case Noyale), Tel. 483 57 10. Das rustikale
Verandalokal im Kolonialstil (275 Plätze)
thront in einem Garten steil über der
Landschaft. Unvergleichlich ist das fan-
tastische Panorama über die gesamte
Südwestecke der Insel, inklusive Baie du
Cap im Süden und Le Morne im Westen.
Hinzu kommen hervorragendes Essen
und ein Souvenirshop (tgl. 12–15 Uhr).

30 Grand Bassin

*In der ›Nacht Shivas‹ strömen
Tausende an den heiligen Kratersee.*

Der östlich von Le Pétrin gelegene Kratersee Grand Bassin ist ein heiliger See,
weshalb er jedes Wochenende sowie
feiertags von betenden Menschen umla-
gert wird. Wer sich ein Bild von der lebendigen Religiosität und den Zeremonien
der mauritischen Hindus machen möchte, sollte sich an den Feiertagen unter die
Zehntausenden Gläubigen mischen. An
Pilgerfesten wie dem **Maha-Shivaratree-
Fest** (›die Nacht Shivas‹) im Februar/März
zieht es schier endlose Menschenschlan-
gen an diesen Heil versprechenden Ort

Ein weiteres Visitor Center ist im Norden
in Küstennähe bei Petite Rivière Noire
(Anfahrt von der Küste über die B 9).

Restaurant

Varangue sur Morne, 110, Route
Plaine Champagne, Chamarel
(ca. 3 km vom Black-River-Aus-

Am Ufer des Grand Bassin begrüßt die Statue des Ganga Galao Shiva die Gläubigen und Pilger

Tiefe Verehrung und Respekt bringen Hindus der Göttin Shiva im Grand Bassin entgegen

Hindu-Feste – Thaipoosam Cavadee und Diwali

Wer das Hindu-Fest **Thaipoosam Cavadee** auf Mauritius miterlebt, traut zunächst kaum seinen Augen: Da laufen die Gläubigen halb nackt in ›Schuhen‹ aus spitzen Nägeln und ihre Haut ist durchbohrt mit Nadeln, Haken und Pfeilen. Ein junger Mann mit kahl geschorenem Kopf und heiliger Asche auf der Stirn trägt das schwere **Cavadee-Gestell** auf seinen bloßen Schultern – mit Pfauenfedern, Palmwedeln und Milchschalen behangen – und murmelt geistesabwesend ein Mantra vor sich hin. Der Mund eines Pilgers hinter ihm ist mit gesegneten Nadeln ›versiegelt‹ – für die stumme Zwiesprache mit **Murugan**, dem kriegerischen Hindu-Gott. Andere tanzen sich hemmungslos in Ekstase, einer zieht einen **Radhum-Karren** hinter sich her, aufgehangen mittels Haken an seinen Hüften. »Arora arora, Murugan«, ertönen die Gebete zu Ehren des Gottes.

Die hinduistischen Pilger wollen mit diesen archaischen Ritualen ihre Gelübde einhalten und Buße tun. Die Gesichter drücken nur selten Schmerz aus, eher eine gewisse Abwesenheit, denn die meisten Gläubigen sind in Trance. Nach zehntägiger Vorbereitung durch Fasten und Meditation, sexueller Enthaltung sowie jahrelanger Yogapraxis bringen sich die Hindus allmählich in diesen Bewusstseinszustand. Nur so lassen sich die Schmerzen ertragen und es wird vermieden, dass Blut fließt. Wissenschaftler erklären diesen Vorgang mit der absoluten Beherrschung der eigenen Körperfunktionen – Atmung, Kreislauf, Nervensystem und Herzrhythmus. Die Hindus wiederum sagen, ihr Gott Murugan beschütze sie.

Nach dreimaliger Umrundung des Tempels gießen sie frische Kuhmilch aus Schalen über das Bildnis Murugans: **Pal Avisegum**, das Milchbad. Die Milch symbolisiert das Leben, sie darf keinesfalls auf der Pilgertour sauer werden, deswegen beeilen sich die Büßer auf dem Weg vom Flussufer zum Tempel. Dort zieht schließlich der Priester die Nadeln aus dem Körper der Gläubigen und er erlöst sie von ihren Qualen – wenn dabei kein Blut fließt, hat Murugan das Opfer akzeptiert und die Schuld ist gesühnt. Dann können auch

– oftmals mehr als 300 000 Pilger. Man sagt, dies sei das größte hinduistische Fest außerhalb von Indien. Während der Woche herrscht dagegen meist idyllische Ruhe und die interessierten Besucher haben den See fast für sich allein.

Der Legende nach ist der **Ganga Talao** mit dem heiligen Fluss Ganges in Indien verbunden. Gott **Shiva**, der Zerstörer des Bösen und Retter der Menschheit, und seine Gemahlin **Parvati** waren einst auf einer Schiffsreise um die Erde und machten auf der Insel Mauritius Halt, um die Schönheit dieses kleinen Paradieses inmitten des Indischen Ozeans zu genießen. Dabei trug Shiva den Fluss **Ganges** auf seinem Kopf, um die Erde vor Überschwemmungen zu bewahren. Da die Landung auf der Insel Mauritius etwas unsanft war, verschüttete Shiva Wasser des Ganges in ein Kraterloch – so entstand Grand Bassin.

Wer das Heiligtum besichtigen möchte, sollte aus Respekt folgende Bekleidungsvorschriften beachten: Shorts, Miniröcke und Trägerhemdchen sind verpönt und die Schuhe muss man vor dem Betreten der Tempel ausziehen, denn an diesen Orten haben sich schließlich zahlreiche Hindu-Götter versammelt.

Der Komplex **Shiv Jyotir Lingam Mandir** schließt ein weitläufiges Gelände um den gesamten See herum mit Tempelanlagen auf zwei Hügeln und unzähligen kleinen Opferschreinen am Ufer ein. Wer alle Schreine mit den 36 Götterstatuen und Hindu-Figuren besichtigen und den See umrunden möchte, sollte dementsprechend genügend Zeit einplanen.

Vor dem **Haupttempel** am Ufer des Grand Bassin wachen der Affengott *Hanuman* und die Mutter *Ganga*, Symbolbild des heiligen indischen Flusses. Im *Tempelinneren* sind die Göttergestalten der Hindu-Mythologie in verschiedenen Räumen anzutreffen, mit goldenen Gewändern und bunten Tüchern bekleidet und an Feiertagen über und über mit Blumenketten behangen: der phallusartige und mit Blüten überhäufte *Lingam* als Symbol der göttlichen Energie Shivas, ist hier mit goldenem Kobra-Haupt dargestellt. Des Weiteren findet der Besucher *Vishnu* und seine Gemahlin *Lakshmi*, *Krishna* – eine Inkarnation von Vishnu– und *Durga*, die Zerstörerin des Bösen. Ebenso gibt es einen *Buddha*, der als Wiedergeburt von Shiva gesehen wird, den Shiva-Sohn *Ganesh* mit seinem Elefantenkopf, *Parvati* und den dreiköpfigen

die sieben verschiedenen Currys verspeist werden, die zwischenzeitlich die Frauen zubereitet haben.

Mehrmals im Jahr finden kleinere Cavadee-Zeremonien mit Prozessionen im ganzen Land statt, doch das spektakulärste Hauptfest **Thaipoosam Cavadee** wird nach der Berechnung eines Priesters alljährlich Ende Januar/Anfang Februar begangen.

Vergleichsweise unspektakulär und ungefährlich ist das **Lichterfest Diwali** im Oktober/November, ein Fest der Freude. Mit Tausenden von Kerzen und Teelichtern, bunten Glühbirnenketten und Öllampen verwandelt sich die Insel in ein Lichtermeer: Hauseingänge, Fenster, Gärten und die Straßen sind illuminiert, Feuerwerke erleuchten den nächtlichen Himmel. Es ist die Zeit der **Danksagung** an die Götter, sei es für eine gute Ernte, gute Zensuren in der Schule oder erfolgreiche Geschäfte. Das Lichterfest erinnert an verschiedene mythologische Ereignisse im hinduistischen Götter-Pantheon, etwa an die Befreiung von Lakshmi, der Göttin des Reichtums, aus den Klauen des Dämonen Bali.

Beten und Opfern: die Tempel des Grand Bassin werden täglich von Gläubigen besucht

Shiva-Sprössling *Kartika*, der auch Murugan und Skanda genannt wird.

Wie am Ganges pilgern die weiß gekleideten Hindus aus allen Landesteilen beim Maha Shivaratree drei Tage lang ans Ufer des Grand Bassin: Sie schöpfen das heilige Wasser in goldenen Bechern, Flaschen und sogar Plastiktüten, benetzen die eigene Stirn und gießen es Shiva über den Kopf oder über den Shiva Lingam als Zeichen ihrer Verehrung. Ebenso gilt es betend die Schreine und Statuen zu umrunden – dabei halten sich die Familienmitglieder aneinander fest, damit die Kraft und der Segen Shivas auf jeden einzelnen übergeht. Überall brennen Öllampen, der See ist über und über bedeckt mit den im Wasser treibenden Blüten. Betende stehen knöcheltief und in sich versunken im Wasser, andere drängen sich am Ufer, Blumen im Haar, die Öllampe weit vorgestreckt in Händen. Räucherstäbchen glimmen über den auf Bananenblättern abgelegten Reis und Obstgaben wie halben Kokosnüssen, Bananen oder Äpfeln, hinzugefügt werden andächtig die Blätter des heiligen Bilwa-Baumes und die eine oder andere Rupie-Münze. Viele Gläubige tragen auf ihrer Wallfahrt die farbenprächtigen *Kanwar*-Gestelle auf den Schultern, die aus Bambus bestehen und mit Seidenpapier, Spiegeln, Blumengirlanden, Fahnen, Shiva-Bildern und dessen Insignien wie z.B. dem Dreizack geschmückt sind. Die Kanwars entsprechen dem Cavadee-Joch des Büßerfestes Thaipoosam Cavadee.

Bei einbrechender Nacht tauchen unzählige Öllämpchen den See in ein geheimnisvolles Licht, was eine meditative Atmosphäre erzeugt, der man sich kaum entziehen kann.

31 Bois Chéri

Zur ›Teatime‹ in die Berge.

Inmitten eines schier endlosen Meeres in Grün – saftige Teesträucher haben auf der Fahrt von Grand Bassin nach Osten die Zuckerrohrhalme abgelöst – lohnen **Teefabrik** und **Museum** (Tel. 5070216, Mo–Fr 8.30–16, Sa bis 13.30 Uhr) von Bois Chéri einen Besuch. Hier landen die Teeblätter von der größten Plantage der Insel, 75 Prozent des mauritischen Tees werden in den Feldern rund um Grand Bois geerntet und weiterverarbeitet, insgesamt sind es rund 650 t jährlich. Am frühen Morgen kann man die **Teepflückerinnen** bei der Arbeit in den Feldern beobachten, wie sie geschickt und flink nur die obersten jungen Blätter ernten und in den Korb auf ihrem Rücken sammeln – zwei Körbe muss jede der Arbeiterinnen bis gegen Mittag füllen, das ergibt pro Tag in der Fabrik bis zu 30 t Teeblätter. Etwa 4 kg frische Blätter ergeben 1 kg getrockneten Tee.

Bei Führungen in dem modernen Gebäude wird der Herstellungsprozess des Genussmittels erläutert: Die Blätter werden getrocknet, fermentiert und mehrfach sortiert – insgesamt stammen zehn qualitativ unterschiedliche Teearten aus der kleinen Ortschaft Bois Chéri.

Das kleine Museum stellt allerlei Historisches zur Teewirtschaft aus, beispielsweise eine alte Dampfmaschine und Blechbüchsen mit königlichem Konterfei. 1770 wurde die Teepflanze durch Gouverneur Pierre Poivre auf Mauritius eingeführt, seit 1892 pflanzt man Tee in Bois Chéri. Außerdem können Gewächshäuser mit rot blühenden **Anthurien** und Vanilleranken besichtigt werden. Eine kleine Tee-Kostprobe schließt den Besuch ab, selbstverständlich können hier Tees (mit Vanille-, Pfefferminz-, Kokos- und Früchtearoma) sowie Blumen und Vanille erstanden werden.

ℹ Praktische Hinweise

Restaurant

Le Saint Aubin, Rivière des Anguilles, Tel. 507 02 16, www.saintaubin.mu. Ein stilvolles Kolonialhaus mit antiken Möbeln, erbaut 1819, lädt zu mauritischen Speisen auf der Veranda ein (Mo geschl.).

Rechts: *Saftiges Grün – von dem rund um Bois Chéri geernteten Tee gibt es ganze zehn Sorten*
Unten: *Die Teefabrik von Bois Chéri informiert über die Teeherstellung einst und jetzt*

Der Westen und das Hochland –
Wettervorhersage: feuchtfröhlich!

Was des einen Freud, ist bekanntlich des anderen Leid. Während die Urlauber sich am liebsten an den sonnenüberfluteten Stränden der Westküste, z.B. an denen des quicklebendigen Städtchens **Flic en Flac** vergnügen, ziehen viele Mauritier das kühlere **Hochland** zum Wohnen vor. Dies erscheint im ersten Moment unverständlich, da es rund um **Curepipe** fast pausenlos regnet – doch gerade dieser Niederschlagsreichtum schafft die idealen Bedingungen für eine bemerkenswert grüne Landschaft mit Wasserfällen und einer erstaunlich vielfältigen Flora und Fauna.

Wer nicht nur die Naturschönheiten genießen möchte, kann zur Abwechslung eines der zahlreichen modernen Einkaufszentren auf dem Hochplateau besuchen, in denen es sich hervorragend stöbern und shoppen lässt: Antiquitäten, Schiffsmodelle, Seidensaris oder Schmuck warten auf kauffreudige Kunden.

Alle Sportbegeisterten haben an der Westküste mit der nahen Bergwelt die Qual der Wahl: Soll man sich aufs Surfbrett wagen oder sich im Kampf mit dem Marlin beim Hochseewettfischen messen, einen der vielen herausfordernden Berggipfel bezwingen oder lieber geruhsam den Golfschläger schwingen?

32 Baie du Tamarin und Grande Rivière Noire

Küstenabschnitt mit idealen Bedingungen zum Surfen, Tauchen und Hochseefischen.

Die Tamarinde mit ihren säuerlichen Früchten hat der gehörig in die Westküste einschneidenden Bucht ihren Namen gegeben: Baie du Tamarin. An dem schmalen ruhigen Strand, von dichtem Filaowald gesäumt, münden die Flüsse Tamarin und Rempart. Letzterer entspringt am Fuße des mächtigen 777 m hohen **Montagne du Rempart**, der im Hintergrund inmitten grüner Zuckerrohrfelder seine imposante und weithin sichtbare Felsnase in den blauen Himmel reckt. Auf die eigenwillige und zugleich imposante Silhouette bezogen, schwärmen die Einheimischen nicht zu Unrecht oftmals vom ›Matterhorn auf Mauritius‹.

Da die Berge des Hinterlandes Regen abhalten und das Meerwasser zudem

Majestätisch erhebt sich die Montagne du Rempart im sanften Abendlicht

stark salzhaltig ist, wird an diesem trockenen Küstenstrich in rechteckig gemauerten **Salinenbecken** Salz durch Verdunstung gewonnen, übrigens bereits seit der französischen Kolonialzeit. Vor mehr als 100 Jahren schon erzeugten die Seeleute das Salz zum Einpökeln von Fleisch auf die gleiche Weise wie heute. Und noch immer werden hier pro Jahr 2500 t Salz produziert.

Einen Namen über die Landesgrenzen hinaus hat sich die Bucht von Tamarin mit ihren hohen Wellenbrechern gemacht – als Dorado für Surfbegeisterte. Gewiss kann sie sich nicht mit hawaiischen Surfermekkas messen, doch bis zu 2 m hohe Wellen wurden auch hier schon ›beritten‹. Beste Surfzeit ist im Juni und Juli. Allerdings ist auf den manchmal launischen Indischen Ozean nicht immer Verlass, ab und an herrscht auch für längere Zeit Flaute.

In solchen Fällen kann das Surfbrett getrost zur Seite gestellt werden und die einige Kilometer südlich bei La Preneuse gelegene **Tourelle du Tamarin** bei einer Wanderung erklommen werden. Vom 548 m hohen Gipfel bietet sich ein reizvoller Rundumblick über die Küste und das Hinterland. Den etwa dreistündigen Aufstieg auf den steilwandigen, fast senkrechten Gipfel des **Montagne du Rempart** im Norden sollten dagegen nur erfahrene Felskletterer mit Seil wagen. Die östlich anschließenden Spitzen der Trois Mamelles werden am besten vom Hinterland ab Quatre Bornes erobert. Am einfachsten von allen Bergen dieser Küste ist der nicht weniger imponierende **Corps de Garde** (719 m) zu besteigen (von Rose Hill nach Südwesten über das Dorf Stanley, ca. 3 Stunden).

Zurück an der Küste, südlich von **Tamarin**, gelangt man zum Sandstrand von **La Preneuse** (ausgeschildert, Abzweig in Grande Rivière Noire). Dort ist einer der drei auf Mauritius noch erhaltenen *Martello Towers* zu besichtigen. Die massiven Wehrbauten wurden 1832–35 von den Engländern errichtet, verfügten über unterirdische Wassertanks, eine Kanone auf dem Flachdach und boten bis zu 40 Soldaten Platz. Der Rundturm von La Preneuse, der über die **Baie de la Grande Rivière Noire** wacht, ist restauriert und zum Museum ausgebaut worden (Di–Sa 9.30–17, So 9.30–13.30 Uhr). Das Monument kann auf einer Leiter bis zur 10 m

Oben: *Adrett verpackt: in den Salinen Tamarins wird das Meersalz in Strohkörbe gefüllt*
Unten: *Viel Kraft und Ausdauer erfordert die Arbeit in den Becken der Meerwassersalinen*

hohen Plattform bestiegen werden. Ein weiterer Martello Tower ist jenseits der Bucht an der Batterie de l'Harmonie am Pointe Koenig zu finden.

Fische, Wale und Delphine

In dem ruhigen Fischerort **Grande Rivière Noire** zu Füßen des Tourelle du Tamarin treffen sich alljährlich zwischen November und Mai die **Hochseefischer** aus aller Welt, denn in den küstennahen Gewässern halten sich, in nicht geringer Zahl, bis zu 100 kg schwere Thun- und Schwertfische, Wahoos, Bonitos und Dorados, Barrakudas, Haie und Marlins auf. Der Meeresboden fällt hier noch in Sichtweite vom Ufer steil in bis zu 600 m Tiefe ab. Wegen des Fischreichtums und der markanten Felsengebilde wird die Unterwasserwelt des Küstenabschnitts auch von Tauchern geschätzt. In diesen fantastischen Gründen entdeckt man Korallen in allen Farben des Regenbogens, fächerförmige Gorgonias, Schwämme, stachelige Seeigel und Riesenmuscheln, die hungrig ihre ›Münder‹ öffnen. Und dann die Fische – kunterbunt, mit Streifen, gepunktet, im neongrellen Outfit oder abschreckend wie die Muränen. Auch Delphine und Wale tummeln sich hier vor der Westküste, die Delphine meist in

Traumhaft: blauer Himmel und feinsandiger Strand vor der Kulisse der Tourelle du Tamarin

Gruppen von etwa 20 Tieren. Die Wale tauchen zwischen Juli und November auf, der bis zu 18 m lange Pottwal sogar ganzjährig. Beim **Whale and Dolphin Watching** (Dolswim, Grand Rivière Noire, Tel. 422 92 81, www. dolswim.com) kann man die großen und kleinen Meeressäuger zum Teil ganz aus der Nähe beobachten, denn gerne begleiten die verspielten Delphine die Ausflugsboote – oder man stürzt sich selbst ins kühle Nass und schwimmt gleich mit. Von Grande Rivière Noire aus kann auch die Île aux Bénitiers per Boot erreicht werden [s. S. 84].

TOP TIPP

ℹ️ Praktische Hinweise

Wassersport

Centre de Pêche La Carangue, Grande Rivière Noire, Tel. 729 91 50. Hochseefischer treffen sich in diesem Verein, der mit insgesamt sechs Hochseejachten ausgestattet ist.

Morne Angler's Club, Grand Rivière Noire, Tel. 483 58 01, http://morneang lers.com. Hier treffen sich Angelbegeisterte aus aller Welt, über den Klub mietet man hochseetaugliche Boote an.

Vogelbeobachtung

Captive Breeding Center der Mauritius Wildlife Foundation, Grande Rivière Noire, Tel. 697 60 97, www.mauritian-wildlife.org (Hauptbüro in Vacoas). Wer wenig Zeit hat und trotzdem einen echten Mauritius-Falken oder Mauritius-Sittich sehen möchte, kann sein Glück bei der staatlich geförderten Zuchtanlage der MWF versuchen. Eine telefonische Anmeldung ist erforderlich, da sonst kein Besucherverkehr gewährt wird [s. S. 88 f.].

Hotels

Island Sports Club, La Balise, Grande Rivière Noire, Tel. 683 53 53. Etwas dicht gebaute Reihenzimmer mit Balkon oder Terrasse zum Garten – teils Meer-, teils Bergblick. Swimmingpool und Strand, zum reichen Wassersportangebot gehören auch Unterwasserspaziergänge. Das Restaurant bietet orientalische und europäische Spezialitäten.

Tamarin, Tamarin Bay, Tel. 4 83 69 27, www.blue-season-hotels.com. Schlichtes, preiswertes Hotel mit familiärer Atmosphäre in einem schönen Garten, keine 50 m vom Strand entfernt. 71 kleine Balkon- oder Terrassenzimmer mit Klimaanlage. Restaurant und Pool. Angeschlossen ist eine PADI-Tauchschule (www.tamarinoceanpro.com)

33 Casela Nature & Leisure Park

Von der Antilope bis zum Zebra ist in diesem Park mit schöner Aussicht alles zu finden.

Im Casela Nature & Leisure Park (6 km nördlich von Tamarin, östlich der Straße) sind eine Vielzahl an Tieren aus allen Erdteilen versammelt. Die Hauptattraktionen dieses 14 ha großen Tierparks sind die **Löwen**, die man sogar auf einer einstündigen Pirsch begleiten kann. Ebenso werden Safari-Jepp-Touren durch die Savannennatur des African Reserve mit Zebras und Antilopen angeboten. Das farbenprächtige Federvieh aus aller Welt kann in Gehegen oder auch beim Freiflug übers Gelände bewundert werden.

Insgesamt sind **150 Vogelarten** vertreten: schneeweiße Kakadus und schillernde Papageien – knallbunte bis phosphorisierende Exemplare –, herumstolzierende Fasane und imposante Adler, weiße und schwarze Schwäne, glupschäugige Eulen, Flamingos in zartem Rosé,

Straußenvögel mit langen Beinen und Nashornvögel mit gewaltigen Schnäbeln. Stars unter den fast 3000 Vögeln sind die wunderschönen, in freier Wildbahn höchst seltenen endemischen **Mauritius-Sittiche** und die **Rosafarbenen Tauben** [vgl. S.89].

Aber – wie bereits angedeutet – nicht nur Ornithologen kommen hier auf ihre Kosten, die unterschiedlichsten Tiere begeistern in diesem herrlichen Park- und Gartengelände die Besucher. Exotisches wie die australischen Wallabys (kleine Kängurus), bengalische Tiger und Panther, aber auch Fliegende Hunde, uralte Riesenschildkröten, Affen und Rehe gehören ebenso zum lebendigen Inventar. Für Kinder gibt es einen Streichelzoo, die Eltern können derweil die herrliche Fernsicht Richtung Baie du Tamarin genießen. Wer es lieber sportlich mag, kann im Park eine **Canyoning-Tour** oder eine aufregende Kletterpartie buchen.

i Praktische Hinweise

Information

Casela Nature & Leisure Park, Royal Road, Cascavelle, Tel. 452 2828 (Restaurant Tel. 422 82 90). www.caselayemen. mu, Mai–Sept. tgl. 9–17, Okt.–April 9–18, Wer möchte, kann an der Löwentour teilnehmen: Mo–Sa 8, 9, 10, 14 und 15 Uhr.

Auf der Suche nach der perfekten Welle: drei Beachboys mit ihren Surfbrettern

Träumen unter Palmen: Strand des Sugar Beach Resort mit Blick auf die Berge der Westküste

34 Flic en Flac

Zentrum der Sonnenanbeter mit besonders langem Strand, vorzüglichen Badebedingungen und großartigem Sportangebot.

Namensgeber für das Fischerdorf Flic en Flac waren die Holländer, die es ›Fried Landt Flaak‹, freies und flaches Land, nannten. Aus dem beschaulichen Ort am Rande der Sümpfe wurde ein lang gezogener, attraktiver Urlaubsort mit Hotels, nicht immer ansehnlichen Apartmenthäusern, Villen, Einkaufszentren und Lokalen. Der schier endlose Strand reicht im Süden bis zur Bucht von Tamarin, am Wochenende treffen sich am öffentlichen Strandstück die Mauritier zwischen Kasuarinen und Imbisswagen am Meer und genießen Eiscreme, Currys und Chutneys. Taucher werden vom steil aus dem Meeresboden ragenden Wrack ›Tug II‹ und der riesigen ›Kathedrale‹, einer Höhle in 27 m Tiefe, wie magisch angezogen. Abends taucht die untergehende Sonne die Küste in ihr orangerotes Licht. Bald darauf leuchten die Lagerfeuer an den Hotelstränden: Sega-Time. Die anmutigen Tänzerinnen schwingen die Hüften zu der traditionellen, mitreißenden Musik [vgl. S. 112].

Richtung Hauptstadt

Auf dem Weg ins nördlich gelegene **Médine** sind linker Hand, nahe der heutigen Zuckerfabrik, einige Ruinen und Türme des historischen Zuckerwerks Anna zu entdecken. Über das hübsche Städtchen **Bambous** am Fuße des mächtigen Bergs *Corps de Garde* (719 m) und vorbei am Wasserreservoir *La Ferme* erreicht man nach einigen Kilometern durch Zuckerrohrfelder den Küstenort **Albion**, wo ein Leuchtturm seine Lichtzeichen übers Meer schickt (bei Pointe aux Caves). Nicht weit nördlich erstreckt sich der Strand von **Pointe aux Sables**: Der Ort mit den eher hässlichen Wohnblocks hat einen kleinen öffentlichen *Badestrand* mit Fischerbooten, Bänken unter Kasuarinen und einem Fernblick auf den Hafen von Port Louis.

i Praktische Hinweise

Information

Flic en Flac Tourist Office, Coastal Road, Flic en Flac, Tel. 4 53 93 89, Fax 4 53 84 16, www.fftourist.com

Hotels

Klondike, Flic en Flac, Tel. 453 83 33, www.klondikehotel.com. Wunderschöne spitzgiebelige Reihenhäuschen mit

kolonialem Touch, Meerblick von Balkon und Terrasse der 20 Zimmer, 11 Mehrzimmerbungalows im ruhigen Garten. Wem der Strand zu felsig ist, kann den kleinen Pool nutzen. Tauchschule.

La Pirogue, Wolmar, Flic en Flac, Tel. 402 01 00, www.lapirogue.com, Kontakt in Deutschland: Sun Resorts GmbH, Frankfurt/Main, Tel. 069/92 03 47 60. Chalets aus Stein mit Strohdach im weiten Palmengarten, familienfreundlich. Kasino, Tennis, Hochseeangeln. Sega-Show am Strand mit Lagerfeuer.

Manisa, Coastal Road, Flic en Flac, Tel. 453 85 58, www.manisahotel.com. Zweistöckige strohgedeckte Bungalows mit 50 schlichten Zimmern im Garten. Pool und Nachtklub.

Nilaya, Flic en Flac, Tel. 453 90 37, www.nilaya-mauritius.com. Gartenanlage mit Apartments inklusive Küche zur Selbstverpflegung.

Pearle Beach, Wolmar, Flic en Flac, Tel. 401 63 00, www.pearle-beach.com. Mittelklassehotel, Restaurant mit Blick aufs Meer und den hauseigenen Pool.

Die Zimmer sind teils mit Meerlick, auch Doppelbungalows sind vorhanden.

TOP TIPP **Sugar Beach Resort**, Wolmar, Flic en Flac, Tel. 403 33 00, www.sugarbeachresort.com, Kontakt in Deutschland: Sun Resorts GmbH, Frankfurt/Main, Tel. 069/92 03 47 60. Im Stil an die Plantagenarchitektur vergangener Tage angelehnt, lässt dieses Luxusresort mit 238 Zimmern am langen Sandstrand keine Wünsche offen. Restaurants, Fitnesscenter, Kinderklub, Wassersport und Abendunterhaltung erwarten die Gäste.

The Sands Resort, Wolmar, Flic en Flac, Tel. 403 12 00, www.thesandsresort.mu. Das angenehm ruhige 4-Sterne-Hotel bietet 94 komfortable, geräumige Zimmer mit Blick auf die Lagune oder die Bucht von Tamarin, einen wunderbaren Infinty-Pool, ein luxuriöses Spa und einen schönen feinsandigen Strand.

Villas Caroline, Royal Road, Flic en Flac, Tel. 453 84 11, www.carolinegroup.com. Kreolisch inspirierte Architektur: zweistöckige Villas, breiter Strand, Pool, Wassersport und verschiedene Restaurants.

Kreisrund – vom Vulkankrater in Curepipe genießt der Besucher einen Rundumblick

35 Curepipe

Ballungszentrum in Höhenlage am Rande des Vulkankraters.

›Curer sa pipe‹ – das taten die Reisenden hier, wenn die Kutschen von Ost- nach West-, von Nord- nach Süd-Mauritius im Hochland eine Pause einlegten: ihre Pfeife reinigen. Die Siedlung Curepipe entstand nach der verheerenden Malariaepidemie der Jahre 1866/67, als Tausende der Einwohner aus dem stickigen und mückenverseuchten Port Louis ins kühlere Hochland umzogen. Heute ist Curepipe die zweitgrößte Stadt der Insel und zählt über 80 000 Einwohner.

Bedingt durch seine Lage auf dem Hochplateau, zeigt sich Curepipe klimatisch von seiner eher rauen Seite, oft ist die Stadt in graue Regenschleier gehüllt. Tage ohne Nieselregen sind in fast 600 m Höhenlage selten und bei 3000 mm Regen pro Jahr ist ein Regenschirm beim Stadtbummel durchaus empfehlenswert. Gleiches gilt auch für seine mittlerweile zusammengewachsenen Nachbar- und Vorstädte **Floréal** (die Villenstadt), **Vacoas**, **Phoenix**, **Quatre Bornes**, **Rose Hill** und **Beau Bassin**.

Die Straße, die nach Curepipe führt, geht von Port Louis oder Flic en Flac aus und steigt an der Westküste stetig hinauf bis zur Hochebene, zudem ist sie stark frequentiert: nicht selten steht man mit angezogener Handbremse im Stau. Den Blick zieht ab und zu eine interessante alte Backsteinkirche oder Kathedrale auf sich. Die eigentliche Anziehungskraft der Kleinstadt geht allerdings von den zahlreichen **Einkaufszentren**, Märkten und Markthallen aus. Curepipe bietet die vielfältigsten Shoppingmöglichkeiten auf der gesamten Insel an: ob in den *Arcades Salaffa* oder *Currimjee* in der Royal Road, nirgendwo sind so viele Boutiquen, Antiquitäten- und Souvenirläden zu finden wie hier. Beim Bummeln und Stöbern an billigen Krabbeltischen oder in exklusiven Läden kann man hier leicht fündig werden. Auch nach Ladenschluss geht im Hochland noch die Post ab: Im **Kasino** von Curepipe flackern die Lichter an den Spielautomaten und die Barmänner in den Klubs schütteln bis spät in die Nacht ihre Cocktailshaker. Zudem werden die Besucher in sehr guten Restaurants mit

Restaurants

Chez Leslie, Royal Road, Flic en Flac, Tel. 453 81 72. Günstiges Restaurant mit guter kreolischer Küche.

TOP TIPP **Domaine Anna**, Médine, Flic en Flac, Tel. 453 96 50, www.domaine anna.net. Auch bei Mauritiern angesagtes Lokal. Hier gibt es v.a. Seafood und Speisen der chinesisch-kreolischen Küche inmitten von Zuckerrohrfeldern. Am Wochenende reservieren – am besten in den Pavillons am Teich im Garten (Fr./Sa. Livemusik, Mo geschl.).

Moti Mahal, Villas Caroline, Royal Road, Flic en Flac, Tel. 453 84 11. Speisen wie beim Maharadscha: Kochkünstler aus dem Norden Indiens sind hier am Werk. Unbedingt reservieren.

Ocean, Royal Road, Flic en Flac, Tel. 453 86 27. Freundliches und helles Restaurant mit Veranda, serviert vorwiegend chinesische Gerichte, viel Seafood.

Sea Breeze, Royal Road, Flic en Flac, Tel. 453 84 13. Peking-Ente, Hot Pot, zudem Meeresfrüchte und Fisch.

*In Bronze verewigt – das tragische Liebes-
paar Paul und Virginie beim Rathaus*

In Curepipe sind einige historische
Villen aus Holz im typisch kreolischen Stil
zu bewundern: Oft tragen sie Ecktürme,
das Zierwerk ist aus Schmiedeeisen oder
kunstvoll geschnitzt, Balustraden schmücken die Fassaden und Korbmöbel stehen einladend auf säulenbestückten Veranden oder im Wintergarten. Besonders
viele dieser Villen sind in der Umgebung
der **Sir John Pope Hennessy Street** ❶
(identisch mit der Daruty De Grandpre
Ave.) zu finden. Von dort aus ist es nicht
weit bis zur Royal Road, einer der wichtigsten Geschäftsstraßen der Stadt, in der
Curepipes **Hôtel de Ville** ❷ 1902 im Kolo-
nialhausstil errichtet wurde. Das Gebäude beeindruckt seinen Besucher mit seinen vier helmgedeckten Ecktürmen und
der über die gesamte Front offenen Veranda, zu der eine breite Freitreppe führt.

In einer Grünanlage gegenüber stehen in Bronze **Paul und Virginie** ❸, das
berühmteste Liebespärchen der Insel
[s. S. 74]. Der mauritianische Bildhauer
Prosper d'Epinay (1836–1914) schuf 1881
die Figurengruppe, Virginies nasses Kleid
lässt er wie eine zweite Haut auf ihrem
Körper kleben, eng schmiegt sich das
Mädchen an den geliebten Paul, der seinen Schatz, entgegen der Romanvorlage,
auf Händen durch das Wasser trägt.

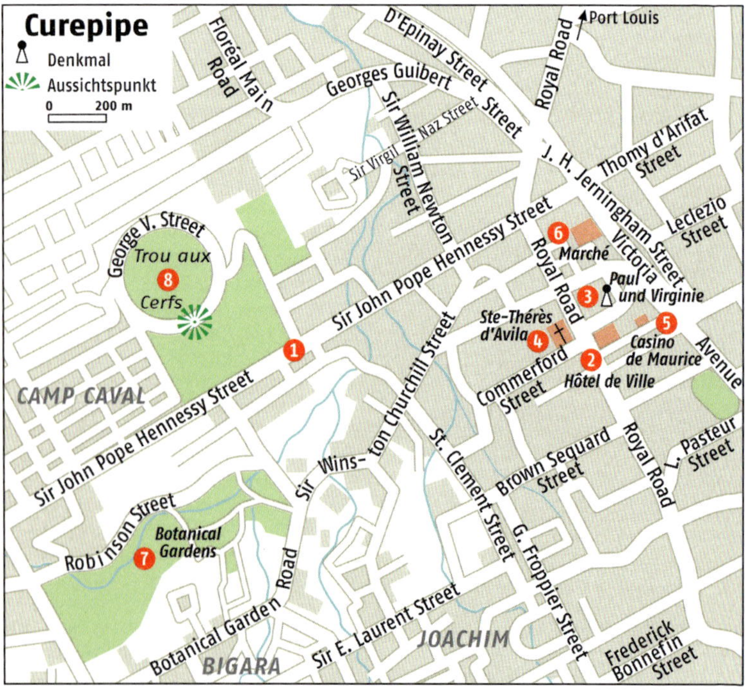

ausgezeichneten kulinarischen Köstlichkeiten verwöhnt. Kein Wunder, denn in
Floréal haben die meisten ausländischen
Botschafter und Mauritier aus der Oberschicht ihre eleganten Wohnsitze.

Curepipe

⌂ Denkmal
☀ Aussichtspunkt

0   200 m

Floréal Main Road
D'Epinay Street
Port Louis
Georges Guibert Street
Royal Road
Sir William Newton Street
Näz Street
Sir Virgil
J. H. Jerningham Street
Thomy d'Arifat Street
Leclezio Street
George V. Street
Trou aux Cerfs ❽
Sir John Pope Hennessy Street
Victoria Street
Royal Road
Marché ❻
Paul und Virginie ❸
❶
Ste-Thérès d'Avila ❹
❺
Casino de Maurice
Avenue
CAMP CAVAL
Commerford Street
❷ Hôtel de Ville
Sir John Pope Hennessy Street
Sir Wins-ton Churchill Street
St. Clement Street
Brown Sequard Street
Royal Road
L. Pasteur Street
Robinson Street
Botanical Gardens ❼
Botanical Garden Road
G. Froppier Street
BIGARA
Sir E. Laurent Street
JOACHIM
Frederick Bonnefin Street

Im Stadtkern von Curepipe erhebt sich der schlanke Turm der Kirche Ste-Thérès d'Avila

Jenseits der Royal Road zieht der nadelspitze Westturm der katholischen Kirche **Ste-Thérès d'Avila** ❹ die Blicke auf sich. Die seitlichen Rundtürmchen und die Rundbogenfenster des dreischiffigen Baus, 1868–72 errichtet, verweisen auf den Stil der Neugotik, während der Eingangsbereich opulent barock gestaltet ist.

Hinter dem Rathaus versteckt sich in der Teste de Buch Street Nr. 120 ein unscheinbarer weißer Flachbau, der es aber durchaus in sich hat. Im **Casino de Maurice** ❺ (Tel. 675 50 13, www.casinoofmauritius.com, tgl. 10–14 und 20–4 Uhr) herrscht immer Betrieb, egal ob der Besucher nachmittags oder nachts die düsteren Hallen betritt. Er wird empfangen von ununterbrochenem Rasseln, Klingeln und Piepsen, vor den hypnotisch blinkenden Einarmigen Banditen stehen Mauritier im Pulk: alle sind fasziniert vom vermeindlichen Spiel ums Glück. Nicht selten ist hier ein Jackpot mit 20 000 Rupies oder mehr zu knacken. Am Roulettetisch rollt die Kugel ab 20.30 Uhr bis in die frühen Morgenstunden.

Links vom Kasino zwängt sich ein futuristisch anmutendes Bauwerk mitten ins Stadtzentrum, der **Marché de Curepipe** ❻ (tgl. geöffnet, vor Taschendieben sei gewarnt). Um den grauen Rundturm mit seinen acht ockerfarbenen Zylindern windet sich ein Zeltdach, das zur Straßenseite hin offen ist. Der Markt bietet wahrlich ein Kontrastprogramm zu den modernen und klimatisierten Einkaufszentren: Blumen, frisches Obst, knackige Kokosnüsse und anderes exotisches Grünzeug türmt sich bis in gewagte Höhen, hier kaufen die Mauritianer Gemüse, Fleisch und Haushaltswaren ein.

Curepipes **Botanical Gardens** ❼ (Botanical Garden Road, tgl. 8–17 Uhr) liegen im Südwesten der Stadt und sind nach dem von Pamplemousses [s. S. 52] die zweitgrößten der Insel. Kleine Teiche sind umgeben von einheimischen Baumarten, Palmen in Fächer- und Kugelform, Bananenstauden und Azaleen, ein kleiner hölzerner Pavillon lädt zum Verweilen ein. Zudem ist im Garten das letzte, 12 m hohe Exemplar der endemischen *Hyophorbe amaricaulis* zu finden, ein Palmengewächs mit einem dünnen grauen Stamm.

Nördlich des botanischen Gartens (Abzweigung von der Sir John Pope Hennessy Street) ragt der über 600 m hohe **Trou aux Cerfs** ❽ auf, ein riesiger Krater mit 300 m Durchmesser, der den vulkanischen Ursprung der Insel augenfällig bezeugt. Der 80 m tiefe Schlund zur einstigen Lava speienden Hölle ist heute üppig grün bewachsen und eine viel besuchte Sehenswürdigkeit. Von der kurvigen Straße auf dem Kamm des Kraterrands ergeben sich herrliche Ausblicke auf Curepipe und das bergige Umland. Wenn das Wetter mitspielt, sind von hier

Hmmm – bei strahlendem Sonnenschein ein leckeres Vanille-Eis vom Eismann genießen

aus fast alle Berge von Mauritius in voller Pracht und Schönheit zu erblicken: ganz nah die Trois Mamelles, Montagne du Rempart und Corps de Garde, weiter nördlich Le Pouce und Pieter Both. Und bei klarer Sicht sollen in südwestlicher Richtung sogar die Umrisse der Insel Réunion zu sehen sein.

Zum längsten Wasserfall des Landes

Nur 4 km außerhalb von Curepipe, im Südwesten, führt über das kleine Dorf **Henrietta** eine Straße durch Zuckerrohrfelder und vorbei an Blumengewächshäusern zum Aussichtspunkt auf die **Tamarind Falls** (ausgeschildert). In der wild zerklüfteten, bewaldeten Landschaft stürzt die Kaskade über sieben Absätze insgesamt 250 m tief in eine Schlucht, ehe die Wassermassen in der *Rivière Tamarin* gebändigt werden und schließlich beim Küstenort Tamarin in den Indischen Ozean münden. Gelegentlich sieht man im unteren Bassin Einheimische beim Angeln – ein beliebtes mauritisches Freizeitvergnügen. Rechts vom Parkplatz bei Henrietta führt ein etwa 20-minütiger Fußweg steil abwärts zu natürlichen Becken, in denen man baden kann. Der auffällige weißorange Turm in der Nähe der Aussichtsstelle ist übrigens ein *Marati* – eine Versammlungshalle für hinduistische Hochzeiten und Feiern.

ℹ Praktische Hinweise

Information

Connections, Crater Lane, Floréal, Tel. 696 99 33, www.connections.mu. Reisebüro, das u. a. Stadttouren und Natur-Ausflüge, z. B. in die Berge und Nationalparks, organisiert.

Einkaufen

In folgenden Einkaufszentren befinden sich viele interessante Geschäfte, vom typischen Souvenirgeschäft über Bücherläden, Boutiquen, Blumenshops bis zu Schuhgeschäften und Imbissstuben (die meisten geöffnet Mo–Mi und Fr/Sa 10–18, Do, So 10–12 Uhr; in manchen, meist einfacheren Läden kann man handeln, andere haben Festpreise):

Curepipe: die *Arcades Currimjee*, im Block gegenüber der *Arcades Salaffa* (Royal Road), *Prisunic*-Supermarkt (Elizabeth II Street) und *Manhattan Shopping Center*

Floréal: der Adamas-Komplex und der Floréal Square (Kennedy Street)

Quatre Bornes: das Orchard Center (St. Jean Road)

Phoenix: das Le Continent Commercial Center (Sivananda Road)

Rose Hill: das Atrium Shopping Center (Vandermeersch Road)

Curepipe

TOP TIPP **Beautés de Chine**, Currimjee Arcades, Curepipe, Tel. 676 32 70. Fernöstliche Souvenirs und Dekor: kunstvoll Geschnitztes, Jade-Buddhas, chinesische Seidenkimonos, Vasen, Ma-Jong-Spiele und Schmuck.

Comajora, La Brasserie Road, Forest Side, Curepipe. Älteste Modellschifffabrik der Insel mit einem Laden voll mit Schiffen in allen Größen (Mo geschl.).

Lacaze, Currimjee Arcades Curepipe. Holz in allen Varianten, vor allem Möbel und buntes Spielzeug.

TOP TIPP **L'Antiquaire**, Currimjee Arcades, Sir Winston Churchill Street, Curepipe. Wunderbar zum Stöbern: kleiner Laden, voll gestopft mit antiken Möbeln, Schmuck, Porzellan, Puppen und sehr viel Schnickschnack.

Phydra, Currimjee Arcades, Curepipe. Ales für die Schönheit: wohlriechende Shampoos, Seifen, Cremes, Wässerchen.

TOP TIPP **Poncini**, Royal Road, Curepipe, Tel. 212 08 18, www.poncini.com. Nobelster Schmuckladen der Insel, u. a. mit Cartier-Uhren, zudem gibt es viele Zweigstellen in den First-Class-Hotels.

Private Collection, Pope Hennessy Street, Curepipe. In einer hübschen

Kolonialvilla stapeln sich kostbare
Orientteppiche – wie aus 1001 Nacht.

The Garden Village, 21 Sir Winston
Churchill Street, Curepipe. Schicke Ein-
kaufspassage mit Kunstgewerbemarkt,
Galerie, Teppichen aus Kaschmir usw.

Tulsidas & Tulsidas, 242 Royal Road,
Curepipe, http://tulsidas.mu. Originale
Seidensaris und edle *Kurta*-›Pyjamas‹ –
ganz wie in einem indischen Basar.

Floréal

Adamas, Mangalkhan, Floréal. Duty-
free-Juwelier mit Diamanten, Perlen,
Goldketten, Uhren. Für den steuer-
freien Einkauf werden Pass und Flug-
ticket benötigt, die Ware wird zum
Flughafen gebracht (am besten spätestens zwei Tage vorher einkaufen).
Gegenüber bei **Shibani** wird elegante
Kaschmir-Kleidung geboten.

Etoile d'Orient, Kennedy Street, Floréal.
Edle Stoffe und orientalische Teppiche,
kunstvolle Kelche und Truhen.

Phoenix

M – Prêt à Porter (Max Mara), Pont Fer,
Phoenix. Italienische Mode vom Feinsten. Nebenan Schiffsnachbauten von
der Firma **First Fleet**.

Mauritius Glas Gallery, Pont Fer, Phoenix. Mundgeblasene Souvenirs, bunte
Fenstermosaike, Vasen, Karaffen usw.

Rose Hill

New Bombay, Arcades Atchia, Royal
Road, Rose Hill. Boutique mit hauseige-
nem Schneider, der hochwertige An-
züge innerhalb von 72 Stunden nach
Maß schneidert.

Unterhaltung

Gymkhana Golfclub, Vacoas,
Tel. 696 14 04, www.mgc.intnet.mu. Für
alle, denen es an den Küsten zu heiß
zum Einlochen ist: ein privater 18-Loch-
Golfplatz, umgeben von Berggipfeln.

Le Saxo, Royal Road, Beau Bassin, Tel.
465 30 21. Die richtige Adresse für alle,
die sich unters mauritische Jungvolk
mischen wollen: beliebte Bar, Kneipe
und Tanzklub, internationale Musik.

Plaza Theatre, Royal Road (im Rathaus),
Rose Hill. In dem viktorianischen Gebäude gibt es regelmäßig kulturelle Veranstaltungen: Theater, Kino, Kunstausstel-
lungen, Opern, Popkonzerte; ein kleines
Theatermuseum ist angeschlossen.

Sam's Disco, La Plantation, Vacoas,
Tel. 686 53 70. Bei Mauritiern und Urlaubern angesagter Nacht- und Jazzklub.

Restaurants

Chinese Wok, 242 Royal Road
(kleine Gasse, 1. Stock), Curepipe,
Tel. 676 15 48. Großes klimatisiertes
Restaurant mit Chinagerichten,
Gegrilltem und Seafood (Mo–Sa 11.30–
14.30, 18.30–22 Uhr).

King Dragon, Saint Jean Road, Quatre
Bornes, Tel. 424 78 88. Einer der besten
Chinesen auf der Insel (nicht zu ver-
wechseln mit Green Dragon).

Le Gaulois, Dr. Ferrière Street,
Curepipe, Tel. 675 56 74. Kleines
zentrales Lokal und Bar mit franzö-
sisch-kreolischen Speisen und Snacks,
Miniveranda an ruhiger Straßenecke
(Mo–Sa 10–18, Do 10–15 Uhr).

Shamiana, 32 Maurice Curé Street,
Rose Hill, Tel. 466 42 92. Rotis,
Tandoris, Brianis und Currys, auch
vegetarische indische Speisen.

Golden Spur Steak House, Orchard
Shopping Center, St. Jean Road, Quatre
Bornes, Tel. 424 94 40. Fast Food, wer
sich etwas anderes gönnen möchte,
sollte unbedingt die ausgezeichneten
Steaks probieren.

*Klassische mauritische Souvenirs: ein Schiffs-
modell und ein lebensgroßer Plastikdodo*

Rodrigues – die ungleiche Schwester

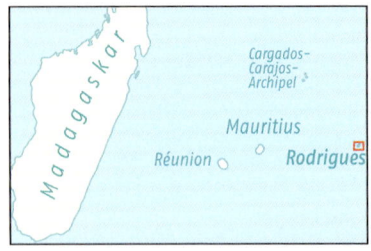

Etwa 560 km nordöstlich von Mauritius liegt die kleine Insel Rodrigues mitten im Indischen Ozean. Das nur **109 km²** große Eiland – was in etwa der Größe von Sylt entspricht – misst von seiner östlichen Spitze Pointe Cotton bis zur westlichen Pointe Mapou lediglich 18,3 km und gehört politisch zur Republik Mauritius. Doch unterschiedlicher können zwei Schwestern kaum sein: Mauritius zeigt sich seinen Besuchern von seiner fortschrittlichen und lebendigen Seite, mancherorts geht es sogar etwas hektisch zu. Dagegen verläuft das Leben der rund 40 000 Rodrigueser, die als besonders freundlich und zuvorkommend gelten, meist geruhsam und ist vornehmlich von der **Natur** und der **Landwirtschaft** geprägt. Es wird zu Recht als eines der ursprünglichsten Inselparadiese im Indischen Ozean bezeichnet, auf dem die Zeit still zu stehen scheint.

Touristische Abwechslung bringen Exkursionen in **Tropfsteinhöhlen**, Tauchgänge nahe den rund um die Insel vorgelagerten **Korallenriffen** oder Regattaabenteuer auf den traditionellen Pirogue-Segelbooten. Ebenso lohnenswert sind ein Besuch des Naturreservats François Leguat und der dort lebenden **Riesenschildkröten** sowie Fahrradtouren oder Wanderungen über die Mini-Insel, die mit Naturschönheiten reich gesegnet ist. Per Boot sind zudem die kleinen Inseln rundum Rodrigues wie Île aux Cocos oder Île aux Sables zu erreichen, auf denn sich hervorragend seltene Vogelarten beobachten lassen.

Tagesetappen sind die feinsandigen **Badebuchten** oder wild zerklüftete Klippen, idyllische **Fischerdörfer** mit immer wieder grandiosen Ausblicken auf den Ozean. Allerorten blühen Bougainvilleen, Hibisken und Frangipani – die einheimischen Tropenpflanzen betören mit ihrem verführerischen Duft und ihrer herrlichen Farbenpracht.

36 Rodrigues

Leben wie Robinson auf einer Insel mit unberührten Stränden, geheimnisvollen Höhlen und fantastischen Tauchgründen.

Die Insel ist vulkanischen Ursprungs und wohl als letzte der drei Maskareneninseln (Mauritius, Réunion, Rodrigues) vor 1,5 Mio. Jahren entstanden. Ihre Bewohner, vorwiegend Kreolen, leben als Bauern oder Fischer verstreut in einzelnen Gehöften und Häuschen an der Küste oder zwischen den Terrassenfeldern. Zuckerrohr wie im ›Mutterland‹ Mauritius wird hier nicht angebaut, dafür ist die Insel zu trocken. In der Hauptstadt *Port Mathurin* im Norden wohnen rund 6000 Ro-

Herrlich einsamer Strand im Grünen – die kleine Insel Rodrigues ist eine Oase der Ruhe drigueser. Der **Tourismus** gewinnt für die Wirtschaft mehr und mehr an Bedeutung, weshalb neue Hotelanlagen angelegt, der Flughafen ausgebaut und zahlreiche Straßen asphaltiert wurden.

Inselgeschichte

Als die Portugiesen zu Beginn des 16. Jh. die Maskarenen umsegelten, nannten sie das kleine unbewohnte Eiland Dina Arobi, Insel des Ostens. Als eigentlicher europäischer Entdecker gilt **Diego Rodrigues**, der 1528 hier kurz ankerte und der Insel seinen Namen gab. Etwas länger als er blieb eine holländische Crew im Jahr 1601, die aber auch bald wieder abzog. 1638 nahm die französische Krone offiziell Rodrigues in Besitz. 1691 landete die ›Hirondelle‹ an der Küste, mit zehn **Hugenotten** – auf der Flucht vor religiöser Verfolgung in ihrem Heimatland Frankreich –, die versuchten, dauerhaft auf Rodrigues zu siedeln. Dem Unternehmen war wenig Erfolg beschert, es scheiterte nach zwei Jahren – die Pioniere hatten zwar fast alles, was das Herz begehrt: Süßwasser, Kokosnüsse und exotische Früchte, ein Meer voller Fische, Schildkröten und Vögel, aber eben nur fast. Es fehlten schlicht die Frauen.

In der ersten Hälfte des 18. Jh. nutzten **Piraten** das menschenleere Eiland als ›Wasserloch‹ im Indischen Ozean. Aus diesem Grund vermutete man hier lange Zeit einen vergrabenen Schatz des legendären Seeräubers ›La Buse‹ [s. S. 50] oder von Lemoine, der seine Goldtruhen auf der Île aux Chats in der Lagune vor Rodrigues versteckt haben soll. Nach einigen gescheiterten Versuchen erfolgte schließlich ab 1750 durch die Franzosen eine Kolonisierung von Dauer. Mit dieser kam es auch zur Überjagung und zum Raubbau, weshalb recht schnell ein Großteil der endemischen Flora und Fauna von Rodrigues ausgelöscht wurde: Wie schon der Dodo auf Mauritius fiel hier der ebenso flugunfähige Vogel **Solitaire** den Siedlern zum Opfer (seit 1770 ausgerottet), das gleiche Schicksal erlitten Abertausende von Riesenschildkröten. Zyklone, Kahlschlag und Viehzucht vernichteten im Laufe der Jahrhunderte zudem die Edelholzwälder.

Im Jahr 1761 beobachtete der französische Astronom **Abbé Pingré** auf Rodrigues als Erster den Planeten Venus, sein damaliger Beobachtungsstandort heißt seitdem Pointe Venus (nahe Port Mathurin). Ab 1809 vertrieben die Engländer unter Colonel Keating die Franzosen und errichteten auf Rodrigues einen militärischen Stützpunkt. Die englische Kriegsflotte versammelte hier ihre Schiffe, bevor sie 1810 in die große Seeschlacht gegen die Franzosen vor Mauritius gen Westen in See stach. Nach der endgültigen Abschaffung der Sklaverei auf Mauritius im Jahr 1835 siedelten sich viele Schwarze auf Rodrigues an, die sich mit

den dort verbliebenen Franzosen vermischten. Gegen Ende des 19. Jh. war die Bevölkerung auf ca. 3000 Insulaner angewachsen, mittlerweile zählt die Insel rund 40 000 Einwohner. Zum größten Teil gehören diese dem katholischen Glauben an, da sich nur wenige Inder und Chinesen auf Rodrigues angesiedelt haben. Die meisten von ihnen leben heute als Händler, Ordnungshüter und Politiker in der Inselhauptstadt Port Mathurin.

Die Hauptstadt

An der **Pointe Canon**, dem Aussichtspunkt über der Inselhauptstadt Port Mathurin, steht der einzige **Hindu-Tempel** von Rodrigues, Kalashnat Mandir. Während auf Mauritius die indische Kultur mit dem Hinduismus den Alltag dominiert, ist auf der kleinen ländlichen Schwester das Leben geprägt vom eher geruhsamen afrikanisch-kreolischen Lebensstil mit vielen weiß getünchten Kirchen und zahlreichen Madonnenfiguren am Straßenrand. 98 Prozent der Inselbewohner sind Katholiken, trotzdem gibt es auf Rodrigues mehr hinduistische Feiertage als christliche.

Von hier oben an der Pointe Canon schweift der Blick über **Port Mathurin**: ein kleiner Hafen mit modernem Passagierterminal und Lagerhallen am Wasser, davor – eingebettet in saftiges Grün – ein paar Verwaltungsbauten, ein Supermarkt und weiße Häuser, man hört einen Hahn krähen und ein Moped knattern. Welch ein Kontrast zu Mauritius: Ziegen meckern tagsüber ungestört auf der Hauptstraße, gegenüber der Bank of Mauritius sitzt eine alte Frau und schält Kokosnüsse. Einige kleine **Kolonialvillen** tragen Dächer mit filigranen Verzierungen und hölzernen Fensterläden.

Obwohl 75 Prozent der Inselbewohner Telefon haben und auf Rodrigues zwei Zeitungen produziert werden, tauschen die Insulaner immer noch viele Neuigkeiten beim Plausch vor der Haustür aus, am Straßenimbiss, im Krämerladen oder auf dem samstäglichen **Markt** (mittwochs kleiner) neben dem Pier, wo manche Rodrigueser bis heute Tauschhandel betreiben. Fast noch im Dunkeln werden die Stände morgens um 5 Uhr aufgebaut und bestückt: Berge von Maniok und Erdnüssen, Plastikbeutel mit getrocknetem Tintenfisch, Gläser mit Chutneys und Chilis, Türme aus Obst und Gemüse in allen Farben, gigantische Papayas, würziger Honig und von Hand geflochtene Körbe und Hüte. Letztere sind bei den Rodriguesern besonders beliebt, die Modelle sind zahlreich und auf dem Markt zu bewundern, vom Cowboyhut mit breiter Krempe bis zum melonenartigen, steifen Strohhut. Auf dem Markt besorgen die Hausfrauen alle Zutaten für eine typische Mahlzeit à la Rodrigues: geräucherter Schinken, getrockneter und gegrillter Tintenfisch, dicke rote Bohnen, als Gewürz zerstoßener Piment oder Tamarinden (säuerliche Früchte des Tamarin-

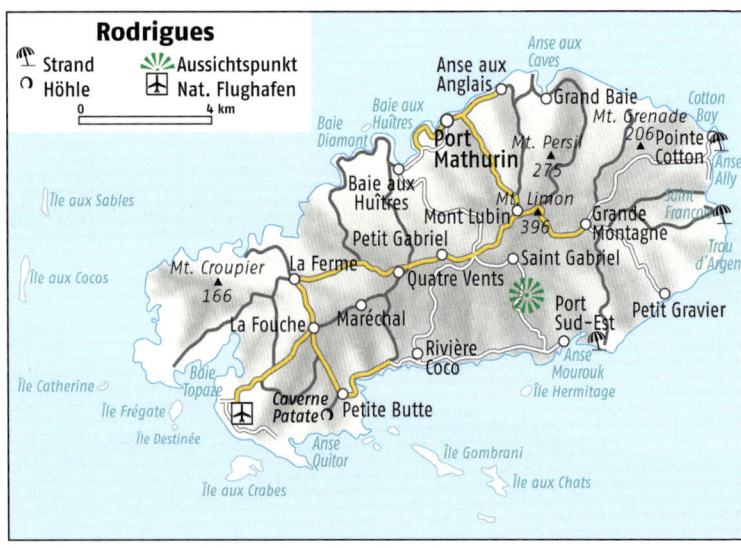

Traditionelles einheimisches Handwerk: aus Vacoas- Blättern werden Körbe und Hüte gefertigt

denbaums) und gesalzener Trockenfisch. Bis etwa 11.30 Uhr wuselt und schnattert halb Rodrigues hier herum – gegenüber Fremden sind die Insulaner sehr freundlich und offen, ungeachtet dessen sollte man sich beim Fotografieren der Einwohner zurückhalten.

Wer kein passendes Souvenir auf diesem Markt findet, kann sein Glück auch im Laden **Careco Craft** (Rue de la Solidarité, Mo–Fr 8-16, Sa 8–12 Uhr; Laden bei der Werkstatt im südlichen Vorort Camp du Roi, Mo–Fr 7–16, Sa 8–12 Uhr, Tel. 83 117 66) versuchen: Im Jahr 1989 begründete der Brite *Paul Draper* ein Hilfsprojekt für vornehmlich Hör- und Sehbehinderte auf Mauritius, die aus Kokosnuss-Schalen kleine Kunstwerke herstellen: Ohrringe, Haarspangen, Schlüsselanhänger, Modellschiffe, Schatullen oder Kleidung sind in beiden Filialen auf Rodrigues zu erhalten. Im Laden in Port Mathurin gibt es zudem Honig aus eigener Imkerei.

Am Abend wartet auf die Urlauber eine Überraschung: Es gibt einen Klub in Port Mathurin, in dem ausgelassen gefeiert und getanzt wird. Der **Ebony Night Club** (Tel. 831 16 40) ist freitags und samstags gut besucht. Dann tobt hier das Leben, man muss nur die unscheinbare Tür durchschreiten und ist im Nu in einer ganz anderen, glitzernden Welt. Auf der kleinen Tanzfläche unter der obligatorischen Silberkugel tanzen junge Rodrigueser und Touristen zu den neuesten Hits, Freitagabend zur traditonellen Sega und anderen folkloristischen Tänzen.

Berghöhen im Landesinneren

Die Orts- und Bergnamen der Insel lesen sich wie die Zutaten eines raffinierten Kochrezeptes – süße Kartoffel, Austern, Petersilie, Maniok, Banane, Mango, Piment, Oliven. Die Straße von Port Mathurin windet sich bergauf immer höher durch dichten Eukalyptuswald. Nach nur zehn Minuten mit dem Jeep hat man die Inselmitte und den Verkehrsknotenpunkt **Mont Lubin** erreicht – und damit schon fast den höchsten Gipfel **Mont Limon** (396 m), den ›Zitronenberg‹. Dieser belohnt seine ›Eroberer‹ nach kurzer Wanderung mit einem grandiosen Rundumblick auf die mit sattem Grün bewachsenen Hügel der Insel bis hin zur Küste mit ihren feinsandigen Stränden.

Rodrigues ist ein äußerst farbenfrohes Eiland: Von fast allen Standpunkten der Insel schimmert der Indische Ozean in allen nur denkbaren Blautönen, in der Lagune schießen die Pirogues mit ihren blendend weißen Dreiecksegeln übers Meer. Zwar sind viele Ecken der Insel rau, steinig und vor allem im Süden zerklüftet vom Korallenboden, aber meist herrscht ein warmes Ockergelb als Grundton vor. Wie mit dem Pinsel verteilt leuchten allerorten die Farbtupfer: knallrote Dächer, bunt getünchte Holzhäuschen und voll gestopfte Krämerläden, auf deren Dächern orangefarbene Maiskolben trocknen. Rote Weihnachtssterne und lila Bougainvilleen umgeben malerisch Kirchen in strahlendem Weiß.

Die größte Kirche der Insel ist **Saint Gabriel**. Ein lang gestreckter, mit Felsquadern errichteter Bau, der schwer und behäbig daliegt, flankiert von zwei wuchtigen Glockentürmen. Allein die blendend weißen Fensterrahmen setzen be-

Musik und Tanz – Sega und Seggae

Im Schein des Feuers schwingen die Tänzerinnen ihre weiten Röcke, die hochgerafften Rockzipfel in Händen, schwirren sie wie Schmetterlinge um den Tänzer, der auf Knien um ihre Aufmerksamkeit fleht. In Ekstase stampfen sie mit den Füßen, tippeln ums Feuer, schwingen wild die Hüften. Ein Tanz voller **Erotik**, obwohl sich die Tanzenden nicht ein einziges Mal berühren! Wenn der Ruf »en bas, en bas« ertönt, gehen die Tänzerinnen in die Knie, lehnen sich zurück bis auf den Boden, während sie die Hüften weiter zur Musik bewegen.

Die Sega hat **afrikanische Wurzeln**: Irgendwo und irgendwann im 18. Jh. wurde der **Tanz der Sklaven** geboren. Von Liebe und Erotik, Kummer und Schmerz, aber auch von Spott und Ironie handeln die kreolisch gesungenen, meist improvisierten Verse der **Sega-Musik**. Drei Musikanten begleiten die Tänzer auf segatypischen Instrumenten: Die **Ravane** ist ein kreisrundes, flaches, mit Ziegenleder bespanntes Tamburin, das den Rhythmus bestimmt. Die **Maravane** ist ein Bambusgebilde oder eine Büchse, in der Körner und trockene Bohnen hin und her rasseln, manchmal auch Maracas-Rasseln. Nicht zu vergessen: die **Triangel**. Früher vielfach, auf Rodrigues gelegentlich noch heute benutzt: die **Bobre**, ein einsaitiges Bogeninstrument, das mit einem Bambusstab zum Klingen gebracht wird.

In der besseren Gesellschaft von Mauritius war die Sega lange Zeit verpönt: als **Tanz der Armen** und Benachteiligten, der Außenseiter, Rum-

lebende Akzente ins einheitliche Grau der Steinwände. Beim Bau in den Jahren 1936–39 wurden die Steine in einer Menschenkette von Hand zu Hand den Berg hoch gewuchtet, die Frauen schleppten die tonnenschwere Glocke an einem Gestell hinauf, wenn den Packesel die Kräfte verließen. Bis zu 2000 Gläubige fasst das Gotteshaus, das jeden Sonntag zur Messe gut besucht wird.

Auf der asphaltierten Straße über die zentrale Hügelkette, welche die Insel von

Mitreißender Rhythmus – Sega regiert die Tanzveranstaltungen auf Mauritius und Rodrigues

Besäuselten und Sexhungrigen. Sogar in die Nähe von Hexerei wurden die Tänzer gerückt, weil die Sega-Rhythmen auch manchmal bei Beerdigungen rund um den Sarg erklangen. Die Sega ist erst Mitte der 1960er-Jahre in Mauritius wieder entdeckt worden. Nun war ihr **Comeback** nicht mehr aufzuhalten: Reiche Eltern schickten ihre Jeans und Sari tragenden Töchter plötzlich zum Sega-Tanzkurs.

Und auch der so oft gescholtene Tourismus hat dazu beigetragen, wenigstens ein Stückchen Landeskultur zu erhalten – wenn auch nur als Folklore. Mittlerweile zog die Sega in die Hotels ein, sehr bunt und ein bisschen sexy, eben stark touristisch: In jeder Anlage finden wöchentlich Sega-Aufführungen statt, an deren Ende auch die begeisterten Urlauber schon ein wenig mittanzen können.

Auch auf Rodrigues widmet man sich leidenschaftlich der Wiederbelebung der Sega und anderer Volkstänze. Auf der kleinen Insel soll sich dieser Tanz noch länger in seiner ursprünglichen, schnelleren Form erhalten haben, als im modernen Mauritius: die **Sega Tambour**. Wegen der Abgeschiedenheit der Insel konnten sich hier auch die schottischen und französischen Einflüsse länger behaupten. Daher gehören Tänze wie Polonäse, Polka, auch Quadrille und Mazurka zum Folkloreprogramm. Hier begleiten Ravane, Akkordeon, Triangel und manchmal auch die Bobre die Tänzer. **Aufführungen** gibt es im Cotton Bay Hotel und im Ebony Night Club.

Unter den Jugendlichen beider Inseln ist **Seggae** angesagt: eine Mischung aus Sega und Reggae mit Protesttexten gegen die herrschende (indische) Elite. Der berühmteste mauritische Sänger dieser Musikrichtung, **Kaya**, starb unter mysteriösen Umständen im Gefängnis von Port Louis. Die Folge waren Auseinandersetzungen zwischen Kreolen und Indern.

Ost nach West durchzieht, gelangt man nach **La Ferme**, einem Ort mit einer einfachen Kirche und einem Stadion, in dem 1989 der Papst Zehntausende begeisterte. Auf dem Weg dorthin hat sich **Quatre Vents** einen Namen gemacht als einer der windigsten Punkte der Insel. Auch wenn es hier tatsächlich von allen Seiten bläst, man genießt traumhafte Blicke, zum Beispiel auf das Fischerdorf Rivière Coco und die **Île Gombrani** im Süden. Das Korallenriff ist hinter der Lagune als eine weiße Linie im türkis- bis tiefblau schimmernden Ozean zu erkennen.

Tief im Süden

Von der höchsten Erhebung auf Rodrigues führt die Straße rund 10 km weiter in den Südwesten, nahe dem Flughafen, und dort geht es hinab in den tiefsten Inseluntergrund. Die gewaltige **Caverne Patate** ist eine 1000 m lange Tropfsteinhöhle mit einer Vielzahl die Fantasie ungemein anregenden Stalaktiten und Stalagmiten sowie mächtigen, bis zu 26 m hohen Gewölben. Der Zugang in der Plaine Corail in Küstennähe ist nur mit Führer, Taschenlampe und passendem Schuhwerk gestattet, am Ausgang krabbelt man unter einem riesigen Banyanbaum wieder ans Tageslicht.

Bei **Petite Butte**, einen Katzensprung entfernt, wird Korallengestein gewonnen und zu Baumaterial sowie für die Souvenirherstellung verarbeitet. Der **Korallensteinbruch** hat sich zu einer kleinen Besucherattraktion gemausert: Ganze Schulklassen aus Mauritius und Touristengruppen aus aller Welt machen hier Halt, um die Männer zu fotografieren, die zu zweit schwitzend die Korallenblöcke per Hand zersägen – eine unsagbar staubige Knochenarbeit.

In Anse Quitor nicht weit vom Flughafen ist das Naturreservat **François Leguat Tortoise Reserve** beheimatet (Tel. 832 81 41, www.tortoisescavereserve-rod rigues.com, tgl. 9–17 Uhr). François Leguat (1637/39–1735), einer der ersten französischen Einwanderer und Entdecker, fand auf Rodrigues drei verschiedene Arten von Riesenschildkröten, die bereits um 1795 von den Siedlern ausgerottet worden waren. 2007 hat man in dem 18 ha großen Park gezüchtete Seychellen- und Madagaskar-Schildkröten ausgewildert, zwischen denen die Besucher umherschlendern können. Zudem werden geführte Touren in die örtlichen Tropfsteinhölen angeboten und das kleine Museum dokumentiert mit zahlreichen Exponaten und Schautafeln die Eingriffe der Kolonialisten in die Natur.

An den Küsten kehren die Fischer mittags mit der Flut und dem Fang heim. Kein Außenbordmotor schallt übers Meer und stört die ländliche Stille, auf den Pirogue-Booten werden wie eh und je die weißen Segel per Hand eingeholt. In Fischerdörfern wie **Rivière Coco** hängen Tintenfische zum Trocknen in der Sonne an Gestellen am Meer oder auf

den Flachdächern. Diese zerlappten, im Wind sacht wogenden Gespinste wirken durchaus gespenstisch. Tintenfischcurry ist eine inseltypische Spezialität, rund 500 t *Ourites* werden pro Jahr gefangen, teils auf traditionelle Weise: In **Port Sud-Est** kann man den Einheimischen in ihren Gummistiefeln zusehen, wie sie bei Ebbe die Tintenfische mit harpunenähnlichen Speeren im Schlamm aufspießen.

Östlich des Fischerdorfs lockt die Badebucht **Anse Mourouk** zum Schwimmen im tiefblauem Meer, wo auch Surfer das ganze Jahr über auf ihre Kosten kommen und ein kleines Hotel in einem Filaohain seine Gäste bewirtet.

Von Port Sud-Est schwingt sich eine gehörig gewundene Straße wieder ins hügelige Landesinnere. Von einigen ihrer 52 Kurven bietet sich eine fantastische Weitsicht auf die rauen Abhänge und das Meer – wie auf einem Landschaftsgemälde. Das Gesicht der Insel bestimmen hier im Süden die runden wuscheligen *Va-*

Herrlich bunt: auf den Straßen der Insel fahren mitunter kunstvoll verzierte Busse umher

coas-Palmen (Pandanus), aus deren Blättern Einheimische Körbe, Matten und Hüte fertigen. Auf den Feldern wachsen Erdnüsse, Zwiebeln, Maniok und Bohnen. Und auf den Wiesen grasen Kühe – Rodrigues versorgt Mauritius mit Rindfleisch. Terrassenfelder im Inselinneren und Mangrovenanpflanzungen an der Küste sollen gegen die starke Erosion helfen.

Buchten im Osten und Norden

Die schönsten Buchten von Rodrigues liegen im Osten – **Cotton Bay** (mit gleichnamigem Hotel), die nahe **Anse Ally** (ein einsamer, herrlich weißer Strand vor Pamen und Filaos) und die kleine Bucht hinter dem Filaohain bei **Saint François**.

TOP TIPP Nicht zu vergessen: der bezaubernde Strand von **Trou d'Argent**. Durch ein Tor, das in der Regel nur bis 16 Uhr geöffnet ist, führt ein lediglich mit Allradantrieb zu bewältigender Weg zum Ziel. Wer lieber zu Fuß unterwegs ist, klettert die letzten Meter an den nicht allzu hohen Klippen hinab zum traumhaften Ministrand. Dort wird man mit einem erfrischendem Bad im Meer belohnt, das intensiv türkisfarben schimmert. Unter diesem Blau verbirgt sich in der 200 km² großen Lagune rund um die Insel ein **Unterwasserparadies** mit farbenprächtigen Korallengärten, tiefen Schluchten, Höhlen, Tunnels und einigen Wracks der vor der Küste gesunkenen Schiffe.

Der Inselnorden präsentiert sich insgesamt etwas lieblicher als der herbe Süden. In der von grünen Hügeln gerahmten, tiefen **Baie aux Huîtres** (Austernbucht) westlich von Port Mathurin,

Schnorcheln im türkisblaues Wasser am traumhaften Mini-Strand von Trou d'Argent

kann man die Fischer des gleichnamigen Dorfes von einer felsigen Anhöhe beobachten. Am Abend treffen sich die Insulaner unter den Filaos in der idyllischen **Anse aux Anglais**, östlich der Hauptstadt. Ein kleiner Imbisswagen wartet auf Kundschaft, ein Angler steht geduldig im seichten Wasser und einige Halbwüchsige zupfen auf den Saiten ihrer Gitarren. Auch Muschelsammler sind unterwegs. Aus den aufgelesenen Fundstücken zaubert die rodriguesische Hausfrau *Tek-Tek*, eine leckere Suppe. Östlich von Anse aux Angalis, nur einen Steinwurf entfernt, empfängt die tiefe Bucht von **Grand Baie** den Ausflügler mit einem schmalen Strand unter Kasuarinen, ein paar Palmen, Bungalows, Getränkeimbiss und Fußballplatz. Übrigens sind die Rodrigueser sehr fußballbegeistert. Gelegentlich erblickt man auf einem Fußballfeld am Rande der Straße ein Spiel in vollem Gang – etwa zwei rivalisierende Hotelmannschaften – und die Zuschauer feuern die Spieler an, als ginge es hier ums Finale der Weltmeisterschaft. Zudem gibt es auch eine Frauenfußballmannschaft auf der kleinen Insel.

Inseltrabanten

Beliebte Ausflüge mit dem Boot führen auf die 15 kleinen, in der blauen Lagune schwimmenden Inseln, die als Nistplätze von vielen teils seltenen *Wasservögeln* aufgesucht werden, u.a. Meeresschwalben, Fregattvögel und Strandläufer. Die **Île Hermitage** erreicht man von Port Sud-Est aus nach 20 Minuten – auf ihr findet der Besucher nicht nur schöne Strände, sondern vielleicht auch den Schatz des Piraten Laurent Lemoine, von dem alle hier munkeln, den aber noch keiner entdeckt hat. Weitere Inselabstecher sind möglich zur **Île aux Crabes** (nur von Schafen bevölkert), **Île aux Cocos** und **Île aux Sables**. Reisebüros besorgen die jeweils eventuell notwendige Erlaubnis zum Besuch der Vogelschutzreservate.

ℹ️ Praktische Hinweise

Tel.-Vorwahl Rodrigues: 000 95 (von Mauritius aus) 002 30 (von Europa aus)

Information

Rodrigues Tourism Office, Rue de la Solidarité (im Kolonialhaus ›Residence‹), Port Mathurin, Tel. 832 08 66, www. tourism-rodrigues.mu

Rod Tours, Camp du Roi, Tel. 831 22 49, www.mauritours.net. Organisiert Ausflüge, Mietwagen, Radverleih und

Scharfe Linkskurve mit grandiosem Panorama an der Südwestküste von Rodrigues

Apartement und eine typisch › kreolische‹ Hütte an, Sonnenterrasse und winziger Pool inklusive.

Les Cocotiers, Anse aux Anglais, Tel. 831 10 59. Das kleine Hotel im Kolonialstil ist an einem feinen Sandstrand gelegen, die Zimmer sind zum Teil mit Seeblick. Pool und Restaurant. Daneben liegt ein kleines modernes Apartmenthaus am Strand.

Le Cactus, Grand Baie, Tel. 831 10 94, www.lecactus-rodrigues.com. Abgelegene Reihenbungalows mit Meerblick (ca. 100 m zum Strand), mehrere Zimmer, Terrasse und Küche.

Mourouk Ebony, Paté Reynieux, Tel. 832 33 51, www.mouroukebonyhotel.com. Herrlich ruhig gelegene Anlage an der Südostküste mit Strand-Reihenhäuschen in kreolischer Architektur und einem hervorragenden Restaurant auf einer Veranda am Strand. Ebenso gibt es ein eigenes Tauchcenter.

Restaurants

Dragon d'or, Place François Leguat, Port Mathurin, Tel. 831 05 41. Sehr gute Pizza, Fisch, Langusten und Steak vom Grill sowie chinesiche und kreolische Gerichte, überdachte Terrasse.

John's Resto Pub, Mangue, Tel. 831 63 06. Winziges Lokal im Landesinneren (vor La Ferme) bietet frisches Seafood in allen Varianten, z. B. als leckeren Muschelsalat Conocono, auch Hühnchen und Currys (tgl. 12–16 Uhr).

Erfrischung gefällig? Wie kleine Kunstwerke sehen die goldgelben Ananasfrüchte aus

vermittelt Hotels und Appartments für Individualreisende.

Hotels

Auberge Anse aux Anglais, Anse aux Anglais, Tel. 831 21 79, http://aubergehung.free.fr. Moderne Pension mit sauberen Zimmern um einen kleinen Pool und einem Restaurant.

Cotton Bay Hotel, Pointe Cotton, Tel. 831 80 01, www.cottonbayhotel.biz. Abseits an der Ostküste an einem der besten Strände gelegenes, komfortables Hotel. Geboten sind Wassersport, Reiten und Folklorevorführungen.

Escale Vacances, Port Mathurin, Fond la digue, Tel. 427 10 60, www.escale-vacances.com. Gemütliches Villahotel mit 23 preiswerten Zimmern (mit oder ohne Balkon) und Pool. Sehr gutes Restaurant mit rodrigueser und chinesischer Küche.

Fantaisies Mountain Lodges, Eau Vannée, Tel. 832 61 00, www.fantaisierodrigues.com. Mit weitem Panorama oberhalb der Küste ruhig und abseits gelegen, bieten die freundlichen franco-mauritianischen Gastgeber ein Gäste- haus mit drei gemütlichen Zimmern samt Küche, ein

Mauritius aktuell A bis Z

Vor Reiseantritt

ADAC Info-Service:
Tel. 018 05/10 11 12 (0,14 €/Min. aus dem dt. Festnetz)

Unter dieser Telefonnummer und bei den ADAC Geschäftsstellen erhalten Mitglieder kostenlos **Informationsbroschüren** und **Kartenmaterial**.

ADAC im Internet:
www.adac.de
www.adac.de/reisefuehrer

Mauritius im Internet:
www.tourism-mauritius.mu
www.tourism-rodrigues.mu

Auskünfte und kostenloses Info-Material zu Mauritius:

Deutschland

Mauritius Tourism Promotion Authority, c/o Aviareps Tourism GmbH, Josephspitalstr. 15, 80331 München, Tel. 089/552533-825, mauritius@aviareps.com.

Österreich/Schweiz

MTIS Mauritius Tourism Information Service Switzerland & Austria, c/o PRW Public Relations +Werbe AG, Kirchenweg 5, CH-8032 Zürich, Tel. 0041/443 88 41 00, info@prw.ch

Botschaften

Deutschland/Österreich

Botschaft der Republik Mauritius, Kurfürstenstr. 84, 10787 Berlin, Tel. 030/263 93 60, www.mauritius-embassy.de (Mo–Fr 8.30–16 Uhr, nur mit Voranmeldung)

Schweiz

Botschaft der Republik Mauritius, 127 Rue de Tocqueville, F-75017 Paris, Tel. 00 33/(0)142 27 30 19, paris@amb-maurice.fr

Allgemeine Informationen

Reisedokumente

Deutsche, Österreicher und Schweizer benötigen einen zum Zeitpunkt der Einreise noch sechs Monate gültigen Reisepass und ein Rückflugticket. Kinder unter 16 Jahren brauchen einen Kinderreisepass. Bei der Ankunft in Mauritius wird am Flughafen gegen Vorlage von Pass, Rückflugticket, Hotelbuchung und ausreichenden Finanzmitteln ein *Entry Permit* mit einer Gültigkeit bis zu einem Monat ausgestellt, das vor Ort verlängert werden kann. Zuständig ist das Passport and Immigration Office, Sterling House, 9-11 Lislet Geoffrey Street, Port Louis, Tel. 210 94 12).

Bei der Einreise per Jacht ist eine gesonderte Anmeldung erforderlich beim Ministry of Health, Victoria Square, Port Louis, Tel. 2 011 912 sowie Mauritius Ports Authority, Mer Rouge, Port Louis, Tel. 240 54 00.
Bei Flugreisen zwischen Mauritius und Rodriguez (Flugdauer ca. 1, 5 Std.) muss ein gültiger Reise- oder Personalausweis mitgeführt werden.

Kfz-Papiere

Ein *Internationaler Führerschein* ist laut Gesetz vorgeschrieben, die Mitnahme der internationalen Grünen Versicherungskarte sowie der Abschluss einer Kurzkasko- und Insassenunfallversicherung wird empfohlen.

Krankenversicherung und Impfungen

Der Abschluss einer privaten *Auslandsreisekranken-* und *Rückholversicherung* mit einer uneingeschränkten Kostenübernahme wird dringend empfohlen.

Für Mauritius sind keine *Impfungen* vorgeschrieben (außer bei der Einreise aus Gelbfiebergebieten). Wichtig sind eventuell notwendige *Auffrischimpfungen* gegen Tetanus, Polio, Diphterie und Hepatitis A, zusätzlich Impfungen gegen Hepatitis B und Typhus. Eine Beratung in Tropeninstituten zur *Malariaprophylaxe* ist empfehlenswert. Nähere Auskünfte: **Centrum für Reisemedizin CRM** in Düsseldorf, Tel. 02 11/90 42 90, www.crm.de

Zollbestimmungen

Personen, die 18 Jahre und älter sind, können zollfrei einführen: 1 l Spirituosen,

2 l Wein, Bier oder Sekt, wahlweise 250 g Tabak, (inkl. Zigaretten und Zigarren), 250 ml Eau de Toilette und max. 100 ml Parfum. Die Einfuhr von Drogen, Zigarettenpapier, pornographischem Material, Zuckerrohr und Lebensmitteln ist streng verboten. Die Mitnahme von Feuerwaffen und Munition ist nur mit einer speziellen Einfuhrgenehmigung erlaubt und muss bei der Ankunft unverzüglich deklariert werden. Da für manche pharmazeutische Produkte, wie z.B. bestimmte Schmerzmittel, ein Einfuhrverbot besteht, wird die Mitnahme eines ärztlichen Rezepts empfohlen, das den Besitz der Medikamente rechtfertigt. Für die Einfuhr von Pflanzen (Samen, Blumen, Früchte, Gemüse) ist eine Erlaubnis vom Ministry of Agro Industry & Food Security (Renganaden Seeneevassen Building, Port Louis, Tel. 240 08 54) erforderlich.

Fremd- und Landeswährung dürfen unbeschränkt ein- und ausgeführt werden, sind aber jeweils bei der An- bzw. Abreise zu deklarieren.

Bei der Ausreise gilt das Washingtoner Artenschutzgesetz, das u.a. die Ausfuhr von Muscheln und Korallen untersagt.

Geld

Landeswährung ist die Mauritius Rupie (MUR oder Rs), unterteilt in 100 Cents (Cs). Am weitesten verbreitet sind Scheine zu 25, 50, 100, 200 und 1000 Rupien.

Geldwechsel ist gleich am Flughafen am günstigsten. Internationale Hotels, Restaurants und Geschäfte akzeptieren die gängigen Kreditkarten, Geldautomaten gibt es auf Mauritius in allen größeren Orten, auf Rodrigues in Port Mathurin. Hotels und Banken wechseln u.a. Euro- und Dollar-Reiseschecks.

Tourismusämter/Reisebüros im Land

Am Flughafen und in größeren Hotels gibt es Reisebüros und Mietwagenvertretungen. Dort sind Informationen und Tickets für Ausflüge und Flüge erhältlich, außerdem stehen Englisch oder Deutsch sprechende Reiseführer zur Verfügung.

Mauritius

Mauritius Tourism Promotion Authority (MTPA), Victoria House (4-5th Floor), St. Louis Street, Port Louis, Tel. 210 15 45, www.tourism-mauritius.mu. *MTPA-Zweigstellen*: Trou d'Eau Douce, Maho, Tel. 480 09 25, Flughafen, Tel. 637 36 35.

Connections, Crater Lane, Floréal, Tel. 696 99 33, www.connections.mu

Rodrigues

Rodrigues Tourism Office, Rue de la Solidarité (im Kolonialhaus ›Residence‹), Port Mathurin, Tel. 00 230/832 08 66, www.tourism-rodrigues.mu

Rod Tours, Camp du Roi, Tel. 00 230/831 22 49, www.mauritours.net. Organisiert Ausflüge, Mietwagen, Radverleih und Vermittlung von Unterkünften für Individualreisende.

Notrufnummern

Polizei und **Krankenwagen:** 999

Feuerwehr: 995

Tourismuspolizei: 210 38 94

ADAC Notrufzentrale München: Tel. 00 49/89/22 22 22 (tgl. 24 Std.)

ADAC Ambulanzdienst München: Tel. 00 49/89/76 76 76 (tgl. 24 Std.)

Österreichischer Automobil Motorrad und Touring Club
ÖAMTC Schutzbrief-Nothilfe: Tel. 00 43/(0)1/251 20 00

Touring Club Schweiz
TCS Zentrale Hilfsstelle: Tel. 00 41/(0)22 417 22 20

Diplomatische Vertretungen

Honorarkonsulat der Bundesrepublik Deutschland, Royal Road, St. Antoine, Goodlands, Tel. 283 75 00

Honorarkonsulat der Republik Österreich, MSC House, Old Quay 'D' Road, Port Louis, Tel. 202 68 68

Generalkonsulat der Schweiz, 24, avenue des Hirondelles, Quatre Bornes, Tel. 427 55 07

Gesundheit

Das Gesundheitssystem von Mauritius ist gut, in den staatlichen Krankenhäusern werden Reisende kostenlos behandelt. Zudem gibt es gute Privatkliniken. Zahlreiche größere Hotels bieten sogar die Vermittlung von ärztlicher Versorgung an, es fallen allerdings Gebühren an, die bar bezahlt werden müssen.

Krankenhäuser:

National Hospital Sir Seewoosagur Ramgoolam (staatlich), Pamplemousses, Tel. 243 36 61

City Clinic (privat), 102–106 Sir Edgar Laurent St., Port Louis, Tel. 241 29 51

Der Anflug der Air Mauritius auf die paradiesisch anmutende Insel ist vielversprechend

In die **Reiseapotheke** gehören alle wichtigen Medikamente. Mitnehmen sollte man auch **Sonnenschutzmittel** mit hohem Schutzfaktor und Mückenlotion (für abends langärmelige helle Kleidung). Um eine Erkältung in den von Klimaanlagen gekühlten Restaurants und Minibussen zu vermeiden, eignet sich eine Strickjacke bzw. ein Pullover (auch für die kälteren Abende von Mai bis September).

Das Leitungswasser hat zwar Trinkwasserqualität, es schmeckt allerdings nicht besonders gut.

Besondere Verkehrsbestimmungen
In Mauritius herrscht *Linksverkehr*. Die erlaubte Höchstgeschwindigkeit innerhalb geschlossener Ortschaften beträgt 50 km/h, außerhalb 80 km/h und auf der Autobahn 90 km/h. Fahrer müssen mindestens 21 Jahre alt und ein Jahr im Besitz des internationalen Führerscheins sein. Fast in allen Städten muss man einen Parkschein lösen, der an zahlreichen Tankstellen erhältlich ist.

Sicherheit
Mauritius gehört zu den relativ sicheren Urlaubsländern. Besondere Vorsicht aber beim Benutzen der Kreditkarte. Weder Bargeld noch Schmuck im Zimmer, Wertsachen stets im Hotelsafe lassen. Man sollte ärmere Wohnviertel und einsame Strände vor allem nachts meiden, da es hier wiederholt zu Überfällen auf Touristen kam. Auch beim Verlassen von Banken sollte man stets sehr vorsichtig sein. Zudem sollte man auf Taschendiebe beim Marktbesuch achten.

Stromspannung
220 Volt, Adapter für Dreipolstecker (Vierkant) sind in allen Hotels vorhanden.

Zeit
Der Zeitunterschied zur MEZ beträgt plus vier Stunden, während der europäischen Sommerzeit plus zwei Stunden.

Anreise

Flugzeug
Air Mauritius fliegt täglich von Frankfurt und München nach Mauritius und Rodrigues (www.airmauritius.de, Tel. 069/24 00 19 99 und 089/55 06 42 14, auf Mauritius: President John Kennedy Street, Port Louis, Tel. 207 70 70).

Lufthansa bietet täglich Direktflüge von Frankfurt/Main und München an (www.lufthansa.com, Tel. 0180/580 58 05), *Condor* fliegt wöchentlich zweimal ab Frankfurt/Main nach Mauritius (www.condor.de Tel. 018 03/40 02 90, auf Mauritius: Tel. 208 48 02 und 208 08 61).

Die **Flugdauer** beträgt zwischen zehn und elf Stunden. Bei der Ausreise wird eine **Flughafensteuer** in Höhe von 750 Rs fällig. Sie kann im Hotel gegen einen Gutschein im Voraus bezahlt werden (bei Pauschalarrangements im Preis inbegriffen).

Flughafen auf Mauritius: *Sir Seewoosagur Ramgoolam (SSR) International Airport* in Plaisance, nahe Mahébourg an der Südostküste (ca. 48 km von Port Louis). Auskunft: Tel. 603 60 00, http://aml.mru.aero

Hochzeit im Paradies

»Sie fahren nach Mauritius, wann ist denn die Hochzeit?« Wer eine Reise in eines der **Traumziele** im Indischen Ozean bucht, wo Flitterwöchner unter Palmen an endlosen Stränden flanieren und sich mit ausgefallenen Arrangements und Überraschungen in den Luxushotels verwöhnen lassen, der muss sich diese recht neugierige Frage gefallen lassen.

Wer tatsächlich den **Bund fürs Leben** auf Mauritius schließen möchte, sollte rechtzeitig an die Beschaffung der notwendigen Unterlagen denken. Denn: Kein Weg ins Paradies ohne Hürden. Benötigt werden u.a. aus Mauritius das **non resident/non-citizens certificate**, das spätestens 10 Tage vor dem Hochzeitstermin beim Registrar of Civil Status, Emmanuel Anquetil Building, Port Louis (Tel. 2011727, civstat@mailgov.mu) beantragt werden muss sowie amtlich bestätigte internationale **Geburtsurkunden** in französischer oder englischer Übersetzung.

Dafür dürfen die Brautleute auf Mauritius heiraten, wo immer sie möchten – ob barfuß am Strand mit Champagner, auf einer blitzeweißen Jacht, während über dem Indischen Ozean die Sonne glutrot versinkt, in den mauritianischen Bergen, auf einer kleinen Privatinsel oder sogar in einem indischen Tempel.

Über die genaue Prozedur informieren Hotels, Spezialveranstalter und Reisebüros. Infos und Buchung z.B.:

Infinity, Theresienhöhe 1, 80339 München, Tel. 089/538 96 28, www.world-wide-weddings.de

Schiff Mehrere Kreuzfahrtschiffe legen auf ihrer Fahrt zwischen Afrika und Asien auch in Port Louis an, meist in der Zeit zwischen Dezember und März.

◼ Bank, Post, Telefon

Bank

Die Banken öffnen Mo–Do 9–15, Fr 9–17 Uhr, nur die State Bank of Mauritius, 1 Av. Reine Elizabeth II, Port Louis, ist zusätzlich Sa 9.15–11.15 Uhr geöffnet. Bei der Einlösung von Reiseschecks muss der Reisepass vorgelegt werden.

Post

Postämter sind Mo–Fr 8.15–11.15 Uhr und 12–16 Uhr sowie Sa 8–11.45 Uhr geöffnet. Briefe und Postkarten können in allen Hotels abgegeben werden.

Telefon

Internationale Vorwahlen:
Mauritius und Rodrigues 00230
Deutschland 0049
Österreich 0043
Schweiz 0041

Nationale Vorwahl:
Rodrigues (von Mauritius aus) 0095

Es gibt *Telefonkarten* für nationale und internationale Gespräche, zu erhalten in Tankstellen, Souvenirgeschäften, Kaufhäusern und vielen kleinen Läden. Das Telefonieren vom Hotelzimmer aus ist in der Regel wesentlich teurer.

Auf Mauritius ist die Benutzung handelsüblicher GSM-**Mobiltelefone** möglich, man sollte sich aber vor Reiseantritt über das günstigste Netz vor Ort informieren und das Handy entsprechend programmieren. Günstiger telefoniert man mit einer Prepaidkarte z.B. von den mauritischen Netzbetreibern Orange Mobile Networks (www.orange.mu) oder Emtel (www.emtel-ltd.com).

◼ Einkaufen

Öffnungszeiten: In der Regel öffnen Geschäfte in *Port Louis* Mo–Sa 10–17 Uhr, in anderen Städten, wie z.B. *Curepipe*, Mo–Mi, Fr, Sa 10–17, Do, Sa 10–12, *Märkte* Mo–Sa 6 –18 Uhr, So 6–12 Uhr.

Die großen Luxushotels verfügen über klimatisierte Shoppingarkaden mit Boutiquen, Schneidereien, Schmuckläden, Galerien und Drogerien, die bis abends geöffnet sind. Zudem gibt es große **Einkaufszentren**, z.B. in Port Louis das Caudan Waterfront [s.S. 28] oder das Comptoir des Macareignes in Pamplemousses.

Auf der ganzen Insel kann man in **Dutyfree-Shops** zollfrei einkaufen, vor allem in Port Louis. Gegen Vorlage des Reisepasses und Flugtickets wird die Ware zum Abflug an den Flughafen geliefert.

Zum Stöbern, Gucken und Handeln eignen sich die bunten **Märkte**, besonders

Viel Geduld, eine ruhige Hand und Liebe zum Detail: die Modellschiffbauer in Curepipe

der Central Market in Port Louis und der Markt in Mahébourg. Handeln und Feilschen gehört hier zum Geschäft – wer das nicht tut, zahlt unter Umständen das Dreifache.

Auf den Kauf von bunten oder schwarzen Korallen (etwa als Aschenbecher), Muscheln und anderen als Souvenirs verarbeiteten tierischen Bestandteilen sollte im Sinne des Arten- und Umweltschutzes unbedingt verzichtet werden. Die Ausfuhr ist zudem streng verboten.

Souvenirs

[Adressen s. S. 105 ff.]
Am typischsten und daher auch begehrtesten auf Mauritius sind **Dodos** in allen Varianten: als Plüschtier, auf einem Obstteller, als Poster oder in edler Form auch als Goldmünze, die in der Hauptstelle der Bank of Mauritius, Sir William Newton Street, Port Louis, erhältlich ist.

Blumen

Reisefertig eingepackt bekommen Urlauber einen frischen Strauß der landestypischen Blumen und Blüten, z. B. rote, rosa und weiße Anthurien aus Zuchtanlagen.Sie halten meist zwei bis drei Wochen.

Gemälde

Viele mauritische Künstler stellen ihre Kunstwerke in Galerien und Hotels aus, oft sind es z. B. Motive, die den Werken des hier bekannten Malers Malcolm de Chazal nachempfunden sind.

Gewürze, Marlins, Rum und Tee

Bei den Gewürzen steht Curry an erster Stelle der Mitbringsel für die heimische Küche, hinzu kommen frischer Safran, Koriander, Pfeffer, Zimtstangen und Vanillestangen. Ebenfalls zu den kulinarischen Urlaubserinnerungen gehören süße kandierte Früchte oder Marmeladen, getrocknete Chilis, säuerlich-scharfe Chutneys oder geräucherte Marlins, die reisefertig verpackt zu erhalten sind. Einheimischer Rum und Tee (etwa Vanille- und Kräutertee) sind weitere beliebte Präsente.

Kleidung

Farbenprächtige **Seidenstoffe** und **Saris** aus Indien, Pakistan und China werden auf den Märkten und in Boutiquen feilgeboten. Viele indische **Schneider** fertigen (am besten nach Vorlage) jedes gewünschte Kleidungsstück innerhalb von ein bis zwei Tagen, mehr Qualität verspricht jedoch die Ware, für die sie sich etwa drei Tage Zeit lassen können. Man sollte zuvor die Qualität und Preise vergleichen und die Ware nicht erst kurz vor dem Abflug abholen.

Kunsthandwerk

Hervorragende Arbeiten sind Stickereien und Seidenmalereien, Korb- und Tonwaren, Masken aus Pappmaschee, Holzschnitzereien, Wandteppiche, handgefertigte Tischdecken und filigran geknüpfte Makrameearbeiten.

Modellschiffe

Der originalgetreue Miniaturnachbau von alten Windjammern und Seglern ist eine Spezialität der mauritianischen Kunsthandwerker. Nach Plänen, die Museen oder Privatleute aus aller Welt schicken, fertigen die Künstler die Schiffe aus

Kulinarische Gaumenfreuden der Extraklasse: Hors d'Œuvre im Beau Rivage in Belle Mare

Edelhölzern an, darunter weltbekannte Großsegler wie die ›Gorch Fock‹ aus Deutschland und die italienische ›Amerigo Vespucci‹. Eine der bekanntesten Werkstätten ist die Firma Historic Marine in Goodlands [s. S. 51], wo 125 Angestellte arbeiten, jeder an seinem ›eigenen‹ Schiff. Diese Arbeiten sind landesweit als Souvenirs zu erhalten.

Musik und Instrumente

Original-CDs von verschiedenen Sega-Musikern sowie traditionelle Musikinstrumente sind in zahlreichen Läden zu bekommen.

Schmuck und Edelsteine

Fehlt noch ein Schmuckstück als Hochzeitsgeschenk? Wer sich auskennt, kann in Mauritius das richtige hochkarätige Schnäppchen zum zollfreien Preis finden, z. B. Perlen, Diamanten, Goldschmuck und Uhren. Die bekanntesten Läden sind **Poncini**, **Adamas**, **Charles Lee** und **Goldfinger** – alle haben Zweigstellen in den Luxushotels. Die Duty-free-Waren werden gegen Vorlage eines Reisepasses und Flugtickets verkauft und erst bei der Abreise am Flughafen hinter der Passkontrolle ausgehändigt. Die **Mauritius Collection** ist eine limitierte Serie handgearbeiteter Broschen, die nur bei Air Mauritius zu erhalten ist (Verkaufserlöse kommen Umweltprojekten zugute).

Essen und Trinken

Wie wäre es mit einem Baguette zum Frühstück, einem scharfen Curry mit Roti zum Mittagessen, einer Peking-Ente mit Frühlingsrolle oder einem saftigen Pfeffersteak mit Sahnesauce à la française zum Abendessen? Oder doch lieber ein frisch erlegtes, geröstetes Wildschwein, fein abgeschmeckt mit fünf Gewürzen und Honig?

Kein Problem in Mauritius! Feinheiten aus den unterschiedlichen Landesküchen von drei Kontinenten sind auf der kleinen Insel im Laufe der Jahrhunderte zu einem köstlichen Potpourri verschmolzen – ein äußerst interessantes und sehr schmackhaftes Ergebnis, etwa wenn die einfachere, deftige Kochweise der Kreolen mit der exquisiten, raffinierten Haute Cuisine der Franzosen in einem Topf verrührt wird. Jede der Bevölkerungsgruppen auf Mauritius hat ihre eigenen Rezepte auf die Insel mitgebracht.

Frühstück

Die Mauritier selbst essen am Morgen meist ein Baguette mit Käse oder Guavengelee.

Touristen finden beim Frühstück die herkömmliche Bandbreite an kontinentalen, amerikanischen und auch asiatischen

Speisen. Die Frühstücksbüfetts in den Luxushotels sind einfach gigantisch, manche bieten bis zu zehn verschiedene Marmeladen, ganz zu schweigen von den unterschiedlichen Obstsorten und gut gekühltem Champagner.

Snacks

Die dreieckigen **Samosas** entpuppen sich als mit Gemüse, Fleisch oder Fisch gefüllte Teigtaschen, die häufig an Straßenständen verkauft werden. Hier bekommt der hungrige Reisende auch die pikanten **Gâteaux piments**, mit Erbsenpüree gefüllte Reisbällchen, die es manchmal in sich haben – je nach Anzahl der verwendeten Chilis. **Dholl poori**, **Farata** und **Roti** sind eine Art Pfannkuchen oder Brot. Sie werden wahlweise mit dem Linsenbrei **Dhal** gefüllt oder mit pikanter Tomatensauce.

Potpourri kontinentaler Geschmäcker

Am stärksten hat die **indische Kochkunst** die Speisekarten in Mauritius beeinflusst. *Currygerichte* (auch: Carri, Cari oder Carry) werden in zahlreichen Variationen mit Huhn, Rindfleisch, Lamm, Hirsch, aber auch mit Fisch, Süßwassergarnelen und anderen Meeresfrüchten wie Hummer zubereitet.

Für ein Curry entscheidend sind die richtigen *Gewürze*. Die Currypaste besteht aus bis zu 40 Zutaten (also nicht zu verwechseln mit dem gelben Pulver), die

Rhum arrangé: der mit Limetten verfeinerte Rum eignet sich als Aperitif oder Digestif

alle zusammen erst den aromatischen Geschmack herbeizaubern: schwarzer Pfeffer, Knoblauch, Zwiebeln, Ingwer, Muskatnuss, Kardamom, Safran, Koriander, Thymian, Tamarinde, Kümmel, Kurkuma (auch: Tumeric, Gelbwurz), Curry-Blätter, Senfkörner, Zimt und Nelken – um nur einige zu nennen. Vorsicht ist angeraten bei der scharfen, meist *grünen Chilisauce*, die zu den Gerichten extra gereicht wird. Anders als in der rein indischen oder thailändischen Küche sind die Currygerichte auf Mauritius vergleichsweise mild.

Zu den Currys wird stets *Reis* gereicht, außerdem *Chutneys* (Chatini) aus verschiedenen scharf oder süßsauer eingelegten Gemüsen, vor allem Tomaten, Gurken, Kohl, Bohnen, Möhren, Kokosnüsse, grüne Mango oder Tamarindenpaste. Zu den vielen landestypischen Gemüsesorten und Beilagen gehören Maniok, Kürbis, Tomaten (›Liebesäpfel‹ genannt), Riesenauberginen, Chinakohl und die *Lady Fingers* (Okra, Gumbos) sowie gekochte Brunnenkresse. *Bredes* ist ein beliebtes spinatähnliches Gemüse. Vegetarier können bei reinen Gemüsecurrys wie dem Kartoffelcurry auf schmackhafte Weise satt werden. *Briani* (Biryani) ist ein moslemisch inspiriertes Reis-Curry-Gericht mit Fleisch, Kartoffeln, Gurken und Quark.

Auch die **afrikanische Küche** hat ihre Spuren in mauritischen Kochtöpfen hinterlassen. Kreolisch ist bäuerlich, rustikal und einfach. Die Kreolen haben bei-

Der Millionärssalat

Eine besondere Spezialität gewinnen die Mauritier aus dem Herzen der Palme – **Cœur de Palmiste**: ein unscheinbares, etwa 20 cm langes rundes Ende aus dem Inneren des Baumes, ganz oben, kurz bevor die Palmblätter sprießen. Das weiche Innenleben der Palme wird meist roh gegessen, mit Essig und Öl verfeinert und kostet ein kleines Vermögen (bis zu 24 €).

Der Salat wird oft bei besonderen Anlässen oder an Weihnachten zu Riesengarnelen oder Muscheln, auf Buttertoast oder Butterreis serviert. Exklusive Restaurants wie das Le Pescatore in Trou aux Biches verbrauchen rund 200 Palmherzen im Monat. Auf Plantagen im Süden von Mauritius werden die Palmen gezüchtet.

Sanftes Lächeln von Parvati mit vier Armen und Händen, zu ihrer Linken der Gott Krishna

spielsweise *Le Rôti de langue de Bœf* (Ochsenzunge) beigesteuert, den deftigen Eintopf *Rougaille* mit Gemüse und Fleisch oder Shrimps, Tomatensauce und viel Knoblauch, die typischen gelben Bohnen und Linsen in Schwarz, Rot oder Weiß. Auch Tomaten, Knoblauch und Zwiebeln gehören zu einem typisch kreolischen Gericht.

Die **Chinesen** haben vor allem ihre schmackhaften *Fischsuppen*, die knusprigen Bratnudeln, Bratreis und natürlich den *Wok* mitgebracht. Bambussprossen, Morcheln und Sojasauce runden ein chinesisch-mauritisches Gericht ab.

Und nicht zu vergessen die **französische Cuisine**. Sie bietet z.B. Pfeffersteak mit ausgefeilten Saucen, Silbermuscheln auf Butterreis, delikate Bouillons und Fischsuppen und dergleichen zahlreiche Köstlichkeiten mehr.

Regionale Besonderheiten

Im Jagdhotel von **Kestrel Valley** wird frisch erlegtes Wild aufgetischt: Hasen, Wildschweine, Hirsche, Wachteln, Fasane und Birkhühner – etwa auf kreolische oder indische Art als Curry zubereitet. Auf **Rodrigues** kommen des Öfteren Tintenfisch und Hammelfleisch auf den Tisch – auf der Insel werden vor allem Tintenfische gefangen sowie Rinder und Schafe gezüchtet.

Süßes, Fruchtiges, Flüssiges

Als Nachspeise sollte unbedingt der **Flan** probiert werden, eine Art Karamellpudding, außerdem bietet jedes Hotelbüffett Reis- oder Brotpudding an. **Néapolitains** sind sehr süße, runde Gebäckstücke mit noch viel süßerer Glasur. Nicht zu vergessen die Mais- und Kokoskuchen **Gâteaux coco**, alles sehr weich, locker-cremig und in Bonbonfarben präsentiert.

Die tropischen **Früchte** sind Augenweide und Gaumenfreude zugleich. Schon zum Frühstück kann sich der Urlauber den Teller mit exotischen Leckereien beladen: Mangos und Papayas, Ananas und Bananen, Longans (›Drachenauge‹) und Litschis, Melone und Guave, Zimtäpfel und Jackfruit und natürlich – die **Kokosnuss**, deren klarer Saft mit dem Strohhalm aus der Nuss getrunken wird.

Aus Indien stammt **Lassi**, das dickflüssige Joghurt-Mixgetränk. Internationale Erfrischungsgetränke, Fruchtsäfte, Selterswasser und Tee sind überall zu erhalten. Besonders typisch für die Insel ist der frisch ausgepresste **Zuckerrohrsaft** sowie **Arrak**, ein hochprozentiger Zuckerrohrschnaps. Der im Lande hergestellte **Rum** (eine gute Marke ist Green Island) dient den verführerischen Cocktails als Grundlage, manchmal ›entschärft‹ mit Kokosmilch. Trotz der französischen Kolonialzeiten und Einflüsse trinken die Mauritier kaum Wein, sondern lieber Bier zum Essen. Das mauritische Bier (Phönix, Starkbier Blue Marlin und Stella Pils) muss international keinen Vergleich scheuen.

Wohin zum Essen?

Am **Hotelbüfett** werden regelmäßig kulinarische Themenabende veranstaltet, mit den jeweiligen Spezialitäten und der dazu passenden Musik. Die meisten **Restaurants** außerhalb der Hotels gibt es in Port Louis, Grand Baie, Curepipe und um Mahébourg. Sie schließen allerdings relativ früh, meist schon um 22 Uhr, in Port Louis sind die Lokale sogar nur über Mittag geöffnet. Das Gleiche gilt für die meisten Ausflugsrestaurants auf der Insel.

■ Feiertage

Feiertage

1. und 2. Januar: *Neujahr*, Mitte Januar bis Mitte Februar: *Id-Ul-Fitr* (zum Abschluss des Fastenmonats Ramadan feiern die Moslems mit Gebeten, Geschenken und dem Briani-Festmahl. Das genaue Datum ist dem islamischen Kalender zu entnehmen). 1. Februar: *Abschaffung der Sklaverei*, 12. März: *Nationalfeiertag*, 18. März: *Ougadi* (tamilisches Neujahrsfest), 1. Mai: *Tag der Arbeit*, 15. August: *Mariä Himmelfahrt*, 14. September: *Ganesh Chaturti* (Fest zu Ehren des Elefantengottes Ganesh), 1./2. November: *Allerheiligen* und *Totenfest*

(die christlichen Gräber werden festlich geschmückt und entsprechend einer madegassischen Sitte mit Wasser überschüttet), 2. November: *Ankunft der ersten indischen Gastarbeiter auf Mauritius*, 25. Dezember: *Weihnachten*.

Festivals und Events

Im Folgenden eine Auswahl der wichtigsten religiösen Feste und Veranstaltungen:

Ende Januar/Anfang Februar

Chinesisches Frühlingsfest: Entsprechend dem chinesischen Neujahr werden Umzüge mit tanzenden Drachen, Löwen aus Pappmaschee und dem zugehörigen Feuerwerk veranstaltet. Rot dominiert die Szenerie, denn dies ist die Farbe des Glücks. In den Tempeln stapeln sich die Opfergaben, chinesischstämmige Familien feiern Feste mit der ganzen Verwandtschaft, mit Geschenken und einem Festmahl. Immer dabei ist auch der Wachskuchen. Nach konfuzianischem Glauben werden in diesen Tagen auch die Ahnen geehrt.

Thaipoosam Cavadee: Büßerfest zu Ehren des Hindu-Gottes Murugan, das von den Tamilen mit Kasteiungen und Fasten, Umzügen und rituellen Waschungen begangen wird [s. S. 93].

Mitte Februar/Mitte März

Maha Shivaratree: Beim dreitägigen Fest pilgern Hunderttausende Hindus zum Grand Bassin (Ganga Talao), um sich mit dem nach ihrem Glauben heiligen Wasser von ihren Sünden rein zu waschen und Shiva zu ehren. Viele sind in Weiß gekleidet und verbringen die Nacht im Freien am Ufer des heiligen Kratersees. Im nahe gelegenen Tempel nimmt Shiva die Opfergaben und erhört die Gebete während der Puja [vgl. Nr. 30]. Ein ähnliches Fest (Ganga Asnan) mit ritueller Reinigung und Opfergaben an das Meer findet im Oktober/November an der Küste statt.

März

Holi: Das zweitägige Fest des Feuers und der Farben hat einen hinduistisch-mythologischen Hintergrund. Bildnisse der Hexe Holika werden symbolisch mit Strohpuppen verbrannt. Da es Glück bringt, bewerfen sich die Feiernden mit gefärbtem Puder und Wasser – und wer deren Weg kreuzt, bekommt auch etwas Farbe ab.

La Fête du Poisson: Am 1. März beginnt auf Rodrigues das Fischer-Festival. Zehn Tage lang herrscht emsiges Treiben im Hauptort, die Attraktionen sind: Lagunenfischen, ein kleiner Wettbewerb im Hochseefischen, Konzerte und traditionelle Tänze wie die Sega, aber auch Street Partys und eine Regatta.

Mai

Royal Raid: Profi- und Hobbyläufer absolvieren bei dem sportlichen Großereignis auf Mauritius landschaftlich reizvolle Strecken von 15, 35 oder sogar 80 km (www.royalraid.com).

August

Kiteival: Einwöchiges Festival für Kitesurfer unerschiedlichen Niveaus an den besten Spots um Mauritius mit abschließendem Wettbewerb (www.kiteivalmauritius.com)

8./9. September

Jacques Désirée Laval: Gefeiert wird der Todestag (9. September 1864) des hoch verehrten französischen Arztes und Missionars, dem Wunderheilkräfte nachgesagt werden. Eine christliche Prozession von Zehntausenden führt zum Grabmal des 1979 heilig gesprochenen Laval in Sainte Croix, einem Vorort von Port Louis.

Pretty in Pink: weil es Glück bringt, bewirft man sich zum Holifest mit bunter Farbe

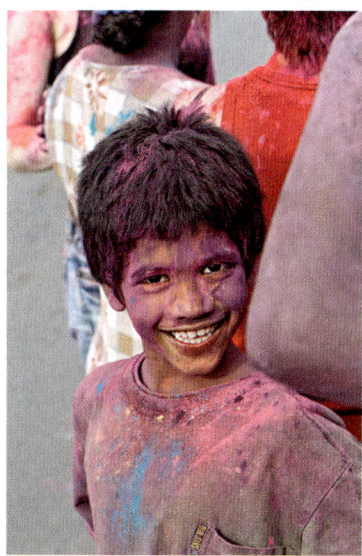

Der ›Apostel der Schwarzen‹ hat sich im 19. Jh. um die zwar befreiten, aber mittellosen Sklaven gekümmert.

Oktober/November

Diwali: Beim hinduistischen Lichterfest zur Erinnerung des Sieges von Gott Rama über den Dämonen Ravana, des Sieges von Gut über Böse, erleuchten Lichterketten, Kerzen, Öllampen und Teelichter die Tempel, Häuser und Straßen, verwandeln Mauritius in ein Lichtermeer [s. S. 93].

Temedee (Timethi): Ein weiteres, einmal jährlich abgehaltenes spektakuläres Bußfest der Hindus, bei dem die Gläubigen in Trance oder betend über eine 7 m lange Feuerbahn mit glühenden Kohlen laufen.

Opera Mauritius: Zweiwöchiges Festival für Freunde der klassischen Oper mit international besetzten Open-Air-Aufführungen an verschiedenen Orten der Insel (www.operamauritius.com)

Dezember

Festival Kréol: Einmal im Jahr feiern die Mauritier eine Woche lang ihre kreolité, ihre kulturelle Vielfalt und bunt gemischte, afrikanisch-asiatisch-europäische Herkunft mit Sega-Tanz, Konzerten, Lesungen, Modeschauen usw.

Klima und Reisezeit

Mauritius hat subtropisches Klima und ist ganzjährig zu bereisen. **Hochsaison** ist zwischen Oktober und April zur wärmsten Jahreszeit (Dezember: ca. 30 °C). Allerdings muss in den Monaten Dezember bis März mit einem **Zyklon** samt heftigen Regenfällen gerechnet werden. Die tropischen Wirbelstürme erreichen Mauritius im statistischen Durchschnitt etwa alle fünf Jahre und brausen mit bis zu 250 km/h über die Insel. Gut zu wissen: Die Hotels sind auf solche Unwetter gut vorbereitet. Die Monate mit dem meisten **Regen** sind Dezember bis März/April, jedoch kann es auch in der Phase des Klimawechsels im Mai und September/Oktober gelegentlich zu heftigen Regenfällen kommen. Die kühlere Jahreszeit, der ›**Winter**‹, liegt zwischen Mai und Oktober mit Tagestemperaturen um 25 °C, für Wanderungen die angenehmsten und schönsten Monate, auch wegen der Blütezeit. In den Bergen ist es feuchter und einige Grad kühler, was besonders ab 500 m Höhenlage oder nachts zu spüren ist, aber auch an den Küsten weht stets ein frischer Wind, der Südostpassat (vor allem im ›Winter‹ an der Ostküste). Die **Luftfeuchtigkeit** beträgt 80–90 %. Die **Wassertemperaturen** liegen bei angenehmen 27 °C.

Klimadaten Port Louis

Monat	Luft (°C) min./max.	Wasser (°C)	Sonnenstd./Tag	Regentage
Januar	23/30	27	7	15
Februar	23/30	27	6	16
März	23/29	27	5	18
April	22/28	27	6	17
Mai	20/26	25	6	14
Juni	19/25	24	5	11
Juli	18/24	23	5	13
August	18/24	22	6	11
September	18/25	23	7	9
Oktober	19/26	23	8	9
November	21/28	24	8	7
Dezember	22/29	25	8	12

Kultur live

Galerien

Zeitgenössische Kunst ist in vielen Galerien, Hotels und Geschäften in Port Louis, Grand Baie und Curepipe im Original oder als Druck ausgestellt, z.B. in den Galeriefilialen von **Hélène de Senneville** (Port Louis, Grand Baie, Curepipe) und die **Galeries Didus** (Port Louis, Caudan Waterfront). Besonders die auffallend farbenfrohen, naiven Malereien typischer Motive und Landschaften von Mauritius sind bei Touristen beliebt, auch in Form von Aschenbechern. Einer der bekanntesten und am meisten imitierten Maler des 20. Jh. ist der inzwischen verstorbene Malcolm de Chazal.

Tanzvorführungen und Folklore

In jedem Hotel finden wöchentlich Sega-Tänze statt [s. S. 112 f.], teils bei Lagerfeuer am Strand. Auch klassische indische Tänze (vor allem in der Domaine Les Pailles), traditionelle chinesische Drachentänze und andere Folklore werden allabendlich in den großen Hotels dargeboten.

Theater

Es gibt zwei Theater auf Mauritius, das Kulturprogramm ist jedoch recht dürftig. Dies sind das Stadttheater in Port Louis [s.S. 26] und das Plaza Theatre in Rose Hill [sS. 107]. Dort werden Theaterstücke, klassische Tänze und Konzerte, Kinofilme und Ausstellungen gezeigt. Über das Programm informiert die Tagespresse.

Nachtleben

In Mauritius' Hauptstadt Port Louis werden ab 17/18 Uhr die Bürgersteige ›hochgeklappt‹, mit Ausnahme des Einkaufszentrums Le Caudan Waterfront am Hafen. Hier locken Restaurants, Coffee-Bars, Fast-Food-Imbisse, Kinos und Kasino.

Glücksspiel, Lotterie und Pferderennen sind für Einheimische (und Urlauber) ein beliebter Zeitvertreib. Insgesamt gibt es neun Kasinos auf der Insel.

Das nächtliche Vergnügen spielt sich hauptsächlich in den Hoteldiskotheken, Pianobars und Nachtklubs sowie den Strandbars der Badeorte ab (vor allem Grand Baie, Flic en Flac). Zu den abendlichen Showprogrammen in den Hotels gehören die Sega-Tänze und andere Folklore. Einige Bars und Diskotheken im Stadtgürtel des Hochlands haben sich als Attraktionen auch unter Urlaubern einen Namen gemacht.

Sitten und Gebräuche

Bekleidung

Der Urlauber sollte sich bewusst sein, dass Mauritius ein Land mit hinduistisch und muslimisch geprägter Kultur ist. So verstoßen etwa FKK und Oben-ohne-Baden gegen die Landessitten und sind unerwünscht.

Fotografieren

In Tempeln sollte man aufs Fotografieren verzichten. Möchte man Menschen fotografieren, sollte man sie vorher höflich fragen. Vor allem die Insulaner auf Rodrigues sind relativ scheu und wollen oft nicht fotografiert werden. Besonders zurückhaltend sollte man bei Angehörigen der muslimischen Minderheit sein.

Religiöse Stätten

Beim Betreten von Hindu-Schreinen, buddhistischen Tempeln und Pagoden sollte man die Schuhe ausziehen und die Kopfbedeckung abnehmen. Die Besichtigung von Moscheen ist nur außerhalb der Gebetszeiten und ebenfalls nur ohne Schuhe erlaubt (Frauen sollten hier ausdrücklich fragen, ob der Einlass auch für sie gilt). In allen Gotteshäusern sowie am ›heiligen‹ Kratersee Grand Bassin sollten die Besucher auf angemessene Kleidung achten (keine Shorts, Miniröcke und Trägerhemdchen), um die Gefühle der hier Betenden nicht zu verletzen.

Trinkgeld

Trinkgelder sind nicht notwendig, aber als Anerkennung von Zimmermädchen, Kellnern, Taxifahrern sind sie selbstverständich gern gesehen (etwa 10 %).

Sport und Aktivitäten

Angeln und Hochseefischen

In der Saison von Oktober bis April schwärmen die Jachten mit Hochseefischern in den Indischen Ozean aus und sie müssen gar nicht weit hinausfahren, um Schwarze und Blaue Marlins, kampflustige Schwertfische, Mako-Haie, hundeschnäuzige Thunfische, Bonitos, Wahoos, Barrakudas u.ä. an die Angel zu bekommen: Nur 1–2 km von der Küste entfernt fällt der Meeresboden bis zu 600 m ab, besonders vor der Westküste (Grande Rivière Noire und Trou aux Biches). In fast jedem Küstenort gibt es einen Anglerklub (über Hotels oder Bootsverleiher zu buchen). Angelwettbewerbe bietet z.B. im Februar die *Green Island International Marlin Competion*. Zentren für Angeln und Hochseefischen sind zu finden in Grand Baie, Le Morne, Grande Rivière Noire und Flic en Flac, Vieux Grand Port und Trou d' Eau Douce und natürlich auch in Rodrigues. Info:

BDPM Fishing, Mont Fanal, Port Mathurin, Rodrigues, Tel. 831 27 90, Mobil: 876 42 07 birgit.dirk@intnet.mu.

Reiche Beute: nicht selten fangen die Angler auf Mauritius und Rodrigues große Fische

Der deutsche Veranstalter bietet ›Big Game‹-Fischen für Sportangler rund um Rodrigues.

Baden

Etwa 160 km weißer Sandstrand, beschattet von Kasuarinen (Filaos) und Palmen, türkis schimmernder Ozean und eine leichte Brise – was will der Urlauber mehr? Die schönsten Strände sind Baie du Tombeau und Trou aux Biches nördlich von Port Louis, Belle Mare Plage und Île aux Cerfs an der Ostküste, Le Morne und Flic en Flac an der Westküste. Allerdings ist das Wasser meist nicht sehr tief, dafür aber ideal für Kinder. Das Korallenriff umgibt fast die gesamte Insel und hält die Wellen ab.

Vorsicht vor Seeigeln und Steinfischen! Auch wegen der Korallen an manchen Stränden sind Badeschuhe durchaus zu empfehlen.

Canyoning

Unter erfahrener Leitung können Anfänger und geübte Kletterer die Naturschönheiten der Insel hautnah erleben, z.B. im Black River Gorges Nationalpark. Info:

Vertical World Ltd., P. O. Box 289, Curepipe, Tel. 697 54 30, www.verticalworld ltd.com.

Golf

Die Urlauberklientel in Mauritius ist exklusiv und so sind viele größere Hotels mit eigenen Golfanlagen ausgestattet, z.B.: 9-Loch-Plätze im Maritim, Le Saint Géran, Shandrani, Sofitel Imperial sowie 18-Loch-Plätze im Belle Mare Plage, Gymkhana Club im Zentrum (Vacoas), Le Paradis. Die Lage der Golfplätze macht sie so besonders: Der über die Küste brausende Wind stellt für Könner eine Herausforderung dar, der Golfer hat stets den Indischen Ozean im Blick und vielleicht kann er sich mit einem der internationalen Golfstars messen, die regelmäßig auf Mauritius spielen und Urlaub machen. Urlauber können auch an Golfturnieren teilnehmen: *Mauritius Open* (Dezember; www.standardbankmauriti usopen.com) und *Golf Trophy* (November/Dezember für Schweizer, Januar/Februar für Deutsche; Le Paradis Hotel, Infos über Beachcomber, www.beachcomberhotels.com). Diverse Reiseveranstalter bieten spezielle Golftouren als Individual- oder Gruppenreisen an.

Katamaran

Populär sind Fahrten mit dem Katamaran und dem Unterwasser-Panoramaboot ›Le Nessee‹ (Grand Baie; viermal täglich) oder für frisch Vermählte das ›Starlight-Dinner‹ an Bord einer Segeljacht, z.B. auf den Booten ›Le Pacha‹, ›Ocean Murmur‹, ›Shandrani‹ und ›Maeva‹.

Croisières Turquoise, Pointe Jérôme, Mahébourg, Tel. 631 16 40, croistur@intnet.mu

Blue Safari, Royal Road, Grand Baie, Tel. 263 33 33, www.blue-safari.com

Reiten und Pferderennen

Reitpferde und Ponys für Kinder stehen an vielen Stränden zur Verfügung, die Domaine Les Pailles bietet mehrstündige Ausritte, auch bei Vollmond (Reitstall: Les Ecuries, Domaine Les Pailles).

Jeden Samstag in der Saison zwischen Mai und November treffen sich die Pferdesportfreunde in Port Louis auf dem Champ de Mars, einer der ältesten Pferderennbahnen der Welt. Seit 1812 frönen die Kolonialbeamten, Plantagenbesitzer und heute die Geschäftsleute dieser Wettleidenschaft.

Mauritius Turf Club, Rue Dr. Eugène Laurent, Tel. 211 21 47, www.mauritiusturfclub.com

Segeln

Die Inselwelt um Mauritius lässt sich hervorragend mit dem Segelboot erkunden. Das Chartern einer Jacht oder ein organisierter Segeltörn gehören zum Mauritiusurlaub wie das Curry ins Essen. Am beliebtesten ist der Ausflug mit dem historischen Segelschiff ›Isla Mauritia‹ (1852

Bereit zum Abschlag: die Golfanlage des Hotel Paradis, im Hintergrund Le Morne Brabant

in Mallorca erbaut), das regelmäßig an der Westküste entlangsegelt. Die **ADAC Sportschifffahrt** erteilt ausführliche Informationen unter: Tel. 089/767 60, www. adac.de/sportschifffahrt.

Yacht Charters, Coastal Road, Grand Baie, Tel. 263 83 95, www.isla-mauritia.com

Croisières Turquoise, Pointe Jérôme, Mahébourg, Mahébourg, Tel. 631 83 47, croistur@intnet.mu

Tauchen und Schnorcheln

Die Unterwasserwelt von Mauritius ist atemberaubend: Der Korallenring umschließt die Insel fast vollständig (außer im Süden) und daher ist die Lagune ein Paradies für Schnorchler und Taucher. In den meisten Hotels und Badeorten werden Tauchlehrgänge und -exkursionen von qualifizierten Lehrern angeboten, mitsamt der Ausrüstung (Taucher müssen mindestens 16 Jahre alt sein und eine Gesundheitsbescheinigung mitbringen). Die Tauchzentren auf Rodrigues sind in den Hotels Mourouk Ebony und Cotton Bay beheimatet.

Die meisten Tauchgründe liegen kaum 1/2 Std. Bootsfahrt von der Küste entfernt. Es herrschen angenehme 27°C Wassertemperatur, allerdings kann im Januar und Februar das Wasser wegen eventueller Zyklone für Taucher zu aufgewühlt sein, ebenso an der Ostküste und auf Rodrigues im Juli und August (beste Tauchzeit in Rodrigues: Oktober und November).

Die Sichtweite unter Wasser ist an der windabgewandten Westseite besonders gut, sie beträgt selten weniger als 30 m.

Zu den Attraktionen unter Wasser gehören Sandbänke, Korallengärten, steile Felswände und Vulkanriffe, versunkene oder mit Absicht versenkte Schiffswracks, Schwämme und Seeanemonen. In diesem Garten Eden tummeln sich Löwenfische (mit federartigen, gefährlich stachligen Flossen), Engelbarsche, Dicklippen- und Trompetenfische, Clown- und Papageienfische, Tintenfische, Hummer und Langusten.

Das Berühren und Abbrechen der Korallen sowie das Sammeln von Muscheln oder das Speerfischen sind verboten! Man sollte sich auch beim Schnorcheln nicht zum Ausruhen auf die Korallen stellen, sondern lieber mit einer Schwimmweste losschnorcheln, was

Kunstvolle Spirale: ein Schwarm Blaustreifen-Schnapper im tiefblauen Indischen Ozean

ohnehin auch für gute Schwimmer entspannender ist (T-Shirt und Shorts wegen der Sonneneinstrahlung anziehen!).

Mauritian Scuba Diving Association (MSDA), Route Royal, Beau Bassin, Tel. 454 00 11, www.msda-cmas.org (25 Tauchzentren und fünf -klubs sind hier angeschlossen).

Rodrigues Underwater Group, Pointe Monier, Tel. 831 20 32

Tennis, Squash und Radfahren

Die meisten Hotels haben Tennisplätze mit Flutlichtanlagen. Den einzigen Sandplatz hat das Hotel Belle Mare Plage. Squashplätze sind ebenso vorhanden. Die Hotels verleihen auch Fahrräder und Mofas, mit denen man die Umgebung erkunden kann.

Vogelbeobachtung

Für die Vogelbeobachtung zieht es viele Besucher ins Kestrel Valley [Nr. 18]. Besucher können außerdem an der Westküste bei Grande Rivière Noire die Wissenschaftler und Tierschützer der Mauritius Wildlife Foundation (MWF) besuchen (telefonische Anmeldung erforderlich). Eine große Chance, dem berühmten Mauritius-Falken zu begegnen, besteht im Black River Gorges National Park. Hier hat sich das Falkenprojekt der MWF mit spektakulären Zuchterfolgen einen Namen gemacht [s. S. 88 f.].

Walbeobachtung

Agenturen organisieren ein Stelldichein mit Delphinen (ganzjährig) und Walen (Juli–November). Solche Touren werden an der mauritischen Nord- und Westküste angeboten, z.B. von Grand Grand Rivière Noire aus [s. S. 99].

Wandern und Trekking

Etwa 3 % der Landesfläche sind Wälder im Originalzustand und stehen unter Naturschutz. Einige der bizarren **Bergspitzen** der Insel können auf Tagesausflügen bestiegen werden: die beiden Berge Le Pouce bei Port Louis (ca. 4 Std.) und der Piton de la Petite Rivière Noire (Black River Peak; 1–2 Std.) sind die beliebtesten Bergwanderziele, die auf ihren Gipfeln mit fantastischen Panoramen belohnen [s. S. 33 und 90]. Die **Naturschutzgebiete** sind täglich zwischen 6 und 18 Uhr geöffnet. Hier gibt es vorwiegend leichte Wege, machbar mit Turnschuhen (geriffelte Sohle), Wegweiser sind teilweise vorhanden, Führer werden über Reiseveranstalter gestellt bzw. in den Naturschutzgebieten (z.B. Domaine Les Pailles, Kestrel Valley, Reserve Naturelle de Wolmar). Trinkwasser und Verpflegung sollte man mitnehmen.

Zwei Beispiele: Die **Montagne du Rempart** bei Tamarin lockt allein schon wegen ihrer bizarren Form zur Eroberung: Der rund dreistündige Aufstieg, der über Eisenhaken, Simse und einen steilen Grat in die Höhe führt, sei jedoch nur erfahrenen Bergsteigern empfohlen. Das gleiche gilt für den **Pieter Both**, der ebenso nur sehr schwer zu besteigen ist (Seil und Eisenhaken). Der Aufstieg dauert ab Grève Cœur etwa 1 Std.

Wasserski, Wind- und Kitesurfen

Kanus, Surfbretter, Tretboote und andere sportliche Geräte sind meist in den Hotels kostenlos zu erhalten, in manchen Anlagen ist sogar das Wasserskifahren gratis. Die besten Surfplätze für Anfänger sind die Südwest- und die Westküste bei Tamarin. Die Ostküste erfreut erfahrene Surfer vor allem im Sommer mit richtigen Wellen und jeder Menge Wind. Auf Rodrigues treffen sich die Surfer an der Südostküste beim Hotel Mourouk Ebony (beste Zeit: Oktober und November). Wassersportzentren sind insbesondere in Choisy und Blue Bay entstanden. Aus Rücksicht auf die Umwelt ist das Jetskifahren verboten.

Kuxville Beach Cottages, Kitesurfing school, Royal Road, Cap Malheureux, Tel. 2627913, www.kuxville.com

■ Statistik

Lage und Geographie: Zur Republik Mauritius gehören neben der Hauptinsel Mauritius vier weitere Inseln: Rodrigues (ca. 600 km nordöstlich) sowie das winzige Cargados-Carajos-Archipel und die beiden Agalega-Inseln weit im Norden. Mauritius liegt vor der südöstlichen Flanke Afrikas (1800 km), östlich von Madagaskar (855 km) und nordöstlich von Réunion (200 km), knapp über dem Wendekreis des Steinbocks im Indischen Ozean. Die Vulkaninseln Mauritius und Rodrigues – beide von Korallenriffen umgeben – bilden mit dem französischen Überseedepartement Réunion die Inselgruppe der Maskarenen. Die markanten bergigen Erhebungen und Vulkankegel sind Wahrzeichen der Insel Mauritius und gehören zu einem zentralen Gebirgskamm. Höchster Berg ist der Piton de la Rivière Noire mit 828 m, längster Fluss die Grande Rivière Sud-Est mit 50 km.

Fläche: Mauritius ist rund 2040 km² groß, 45 km breit, 65 km lang (etwa halb so groß wie Mallorca), Rodrigues misst 160 km².

Bevölkerung: Rund 1,2 Mio. Mauritianer leben auf beiden Inseln (40 000 auf Rodrigues). Die Bevölkerung ist multikulturell und setzt sich zusammen aus afrikanischen, indischen, europäischen (vor allem französischen) und chinesischen Einwanderern, die den vier großen Weltreligionen angehören: Hindus (52 % der Gesamtbevölkerung), Christen (30 %) und Muslime (16 %). Die buddhistischen Chinesen stellen mit ca. 2 % eine Minderheit dar. Die Hindus und Muslime sind überwiegend indisch-pakistanischer Abstammung (69 % der Bevölkerung), die Kreolen sind Nachfahren der afrikanischen und europäischen Einwanderer und Sklaven (25 %), hinzu kommen die christlichen Europäer (3 %). Mauritius hat das höchste Pro-Kopf-Einkommen des Kontinents Afrika: rund 3600 im Jahr.

Entspannung pur verspricht eine aufwendige Massage im Spabereich des Le Cannonier Hotels

Verwaltung: Mauritius ist eine parlamentarische Republik im Commonwealth of Nations. Staatsoberhaupt ist der Staatspräsident, die Regierungsgeschäfte führt der Premierminister, die legislative Gewalt liegt bei der Nationalversammlung. Das 70-köpfige Parlament, die National Assembly, wird alle fünf Jahre gewählt. Der Inselstaat ist untergliedert in zehn Distrikte, hinzu kommen die drei Inseldependancen Agalega, Cargados-Carajos und Rodrigues.

Hauptstadt: Port Louis mit rund 170 000 Einwohnern.

Wirtschaft: Für viele afrikanische Staaten hat Mauritius eine Vorbildfunktion. Der kleine Inselstaat befindet sich an der Schwelle zur Industrienation. Das Bruttosozialprodukt ist das zweithöchste im afrikanischen Wirtschaftsraum nach den Seychellen, die Arbeitslosigkeit mit ca. 8 % eine der niedrigsten. Die bedeutendsten Exportprodukte bzw. Devisenbringer sind Zuckerrohr (ca. 450 000 t pro Jahr), mit dem die Hälfte der Inselfläche bebaut ist, Textilien und Elektrogeräteherstellung sowie der Tourismus mit fast 1 Mio. Besuchern jährlich.

■ Unterkunft

Bed & Breakfast und Jugendherbergen sind auf Mauritius nicht vorhanden.

Camping

Campen ist nur an öffentlichen Plätzen erlaubt, z.B. an den Stränden von Flic en Flac und Mont Choisy. Die Plätze sind sehr einfach ausgestattet. Im Trend sind neuerdings Camps in der ›Wildnis‹ der Naturparks – natürlich mit allem Komfort.

Ferienhäuser und Pensionen

Individualreisende und Familien haben auf Mauritius eine große Auswahl an Villen und Ferienhäusern, Bungalows, Apartments und Studios (ab ca. 30–200 € pro Tag) – auch mit Butler, Köchin und Hausmädchen. Viele Unterkünfte sind günstiger, wenn sie im Paket in Deutschland gebucht werden. Darüber hinaus gibt es kleine Gästehäuser und Pensionen (Chambres d'hôtes) mit Unterkunft bei Familien, sogar zu erstaunlich niedrigen Preisen. Besonders im eher ländlichen Rodrigues ist dies eine preiswerte Möglichkeit, den Urlaub zu verbringen.

Deutschland: **Mauritius Individuell**, Hauptstraße 11, 21614 Buxtehude, Tel. 041 61/86 67 90, www.mauritius-individuell.de

Mauritius: **Mauritius Villas**, Crater Lane, Floreal, Tel. 696 55 06, www.mauritiusvillas.com

Rodrigues: **Rod Tours**, Camp du Roi, Tel. 002 30/831 22 49, www.mauritours.net

Hotels

Die so luxuriösen wie originellen Hotelanlagen auf Mauritius haben einen legendären Ruf, sind aber auch entsprechend teuer. Berühmt sind die Anlagen nicht nur für Lage und Ausstattung, sondern für den unvergleichlichen Service und die durchweg hervorragenden Restaurants. Vor allem die Prominenz lässt sich die vergleichsweise ruhige, exklusive Atmosphäre etwas kosten. In den Lobbys oder Restaurants kann dem Urlauber auf Mauritius schon mal das eine oder andere bekannte Gesicht begegnen: Hollywood-Stars, Literaten, Modezaren und Mitglieder von Königshäusern.

Romantisches Dinner am Strand? Das Paradis Hotel in Le Morne lässt keine Wünsche offen

Die meisten Hotels liegen für sich (besonders an der Ostküste) und selbstverständlich durchweg an den schönsten Küstenstreifen der Insel, die Bauten dürfen laut Gesetz nicht höher als die umliegenden Bäume sein.

Mittlerweile sind viele Häuser – insgesamt gibt es auf Mauritius mehr als 100 Hotels und 100 Apartmentanlagen – etwas erschwinglicher geworden und öffnen sich dem All-inclusive-Publikum (wie z.B. das Coco Beach an der Ostküste); Wassersportangebote sind ohnehin oft im Preis inbegriffen. Die meisten Luxushotels sind zudem behindertengerecht ausgestattet.

Die bekannteste Hotelvertretung in Deutschland ist:

Beachcomber Hotels, Dianastr. 4, 85521 Ottobrunn bei München, Tel. 089/629 84 90, www.beachcomber-hotels.com

Preis-Kategorien

(Preise für Doppelzimmer)

Einfache Privatunterkünfte bei Familien: ab 20 €

Hotels und (Jagd-)Hütten der einfachen Klasse: 30–50 €

Mittelklassehotels am Strand: 50–120 €

Gehobene Mittelklasse: ab 120–150 €

Luxusklasse: ab 150 €

Spitzenklasse/Leading Hotels of the World: ca. 200 € (z.B. Royal Palm, Saint Géran, Touessrok, Le Paradis).

Allen Preisen werden grundsätzlich 10 % Government Tax aufgeschlagen.

Verkehrsmittel im Land

Boot

Ausflugsboote zu den vorgelagerten Inseln legen meist von den Hotels ab, gegen Gebühr auch für Nicht-Hotelgäste. Außerdem gibt es teilweise öffentliche Fähren (Île aux Cerfs) sowie Boote für Exkursionen (über Reiseagenturen und über die Rezeptionen zu mieten).

Zwischen Port Louis und Grand Baie verkehrt zweimal täglich der Katamaran ›Harris Wilson‹ als Shuttle-Service.

Croisières Australes, 84 Gustave Colin Street, Curepipe, Tel. 670 43 01, Tel. in Grand Baie 263 16 69, www.croisieres-australes.mu

Bus

Das Busnetz auf Mauritius, aber auch auf Rodrigues ist gut ausgebaut (Fahrscheine ab 2 Rs). Allerdings verkehren die Busse nur während des Tages ab etwa 6.30 bis gegen 18 Uhr (in den Städten 5.30 bis ca. 20 Uhr, auf der Strecke Port Louis–Curepipe bis 23 Uhr). Expressbusse sind den normalen Bummelbussen vorzuziehen, die an jeder Haltestelle und auch auf Handzeichen anhalten.

Fähre

Dreimal im Monat fährt der Frachter ›Mauritius Pride‹ mit Passagieren von Port Louis, Mauritius nach Port Mathurin, Rodrigues. Eine Überfahrt dauert ca. 26 Stunden.

Mauritius Shipping Co. Ltd., Naval Building, 1, Military Road, Port Louis, Tel. 217 22 85, www.mauritius shipping.intnet.mu

Rodrigues:
Duncan Street, Port Mathurin,
Tel. 831 06 40

Flugzeug

Air Mauritius bietet bis zu viermal täglich einen Flug nach/von Rodrigues (ca. 90 Minuten) an. Außerdem bestehen Verbindungen auf die Komoren, Madagaskar, Réunion und die Seychellen.

Air Mauritius, Air Mauritius Centre, President John Kennedy Street, Port Louis: Tel. 207 70 70, Buchungen: 207 75 75

Rodrigues: Air Mauritius, A.D.S Building, Max Luchessi Street, Port Mathurin, Tel. 831 15 58; im Flughafen: Tel. 832 77 00

Deutschland: Air Mauritius, Frankfurt/Main, Tel. 069/24 00 19 99

Helikopter

Für den Transport vom Flughafen zu den Hotels und für individuelle Rundflüge über Mauritius und seine Inselwelt können Hubschrauber (30 Min. etwa 500 €) von Air Mauritius gechartert werden.

Info: Air Mauritius, International Airport, Tel. 603 37 54/-57, www.airmauritius.com

Mietwagen und -mofa

Selbstfahrer haben die beste Möglichkeit, die Insel zu erkunden, man sollte jedoch defensiv fahren, da auf Mauritius Linksverkehr herrscht. Vorsicht ist besonders vor nicht einsehbaren Kurven angebracht.

Mietwagen kosten ab ca. 40–70 € pro Tag (je nach Modell). Rabatt ist möglich für längere Zeiträume. Eine rechtzeitige Reservierung ist für die Hauptsaison zwischen Oktober und April empfehlenswert. Auch Wagen mit Fahrer werden vermietet. Auf Mauritius sind bekannte Autovermietungen wie Avis, Europcar, Hertz, Sixt Rent a Car sowie mehrere lokale Anbieter vertreten.

Mofas sollten vor dem Start auf ihre Fahrtüchtigkeit überprüft werden, besonders Bremsen und Hupe.

Taxi

Die Taxis verfügen zwar über einen Taxameter, er wird jedoch oft nicht eingeschaltet, da es Preislisten für die meisten Strecken gibt. Der Fahrgast sollte den Fahrpreis vor dem Einsteigen erfragen bzw. auf das Einschalten des Taxameters bestehen. Ab 20 Uhr zahlt man im Nachttarif ca. 40 % mehr. Auch die vor Hotels und am Flughafen wartenden Taxis verlangen ca. 11 % Aufschlag. Pro größerem Gepäckstück werden 15 Rs berechnet. Für Tagestouren sind Pauschalpreise auszuhandeln, die unter den Mietwagenpreisen liegen sollten. Aber oft fungieren die Taxifahrer dabei als Reiseführer, somit kann ein Tagesausflug ca. 60 € kosten. Außerdem sollte abgesprochen werden, ob Abstecher zu Schneidereien und Schmuckläden gewünscht sind, um ungewollte ›Einkaufsfahrten‹ zu vermeiden (manche Fahrer erhalten von bestimmten Läden Provision).

Volle Fahrt voraus – Boote bringen Urlauber zu Inseln und Stränden der Umgebung

Sprachführer

Französisch für die Reise

🟨 Das Wichtigste in Kürze

Ja/Nein	Oui/Non
Bitte/Danke	S'il vous plaît/Merci
In Ordnung./ Einverstanden.	Très bien./ D'accord.
Entschuldigung!	Pardon!/Excuse(z)-moi!
Wie bitte?	Comment?/Vous dites?
Ich verstehe Sie nicht.	Je ne vous comprends pas.
Ich spreche nur wenig Französisch.	Je ne parle que peu le français.
Können Sie mir bitte helfen?	Pourriez-vous m'aider, s'il vous plaît?
Das gefällt mir (nicht).	Cela (ne) me plaît (pas).
Ich möchte ...	Je voudrais ...
Haben Sie ...?	Avez-vous ...?
Gibt es ...?	Y a-t-il ...?
Wie viel kostet das?	Cela coûte combien?
Kann ich mit Kreditkarte bezahlen?	Puis-je régler avec une carte de crédit?
Wie viel Uhr ist es?	Quelle heure est-il?
Guten Morgen!/ Guten Tag!	Bonjour!
Guten Abend!	Bonsoir!
Gute Nacht!	Bonne nuit!
Hallo!/Tschüs!	Salut!
Mein Name ist ...	Je m'appelle ...
Wie ist Ihr Name, bitte?	Quel est votre nom, s'il vous plaît?

Wie geht es Ihnen?	Comment allez-vous?
Auf Wiedersehen!	Au revoir!
Bis bald!	À bientôt!
Bis morgen!	À demain!
gestern/heute/ morgen	hier/aujourd'hui/ demain
am Vormittag/ am Nachmittag	le matin/ l'après-midi
am Abend/ in der Nacht	le soir/ la nuit
um 1 Uhr/ 2 Uhr ...	à une heure/ à deux heures ...
um Viertel vor/ nach ...	à ... moins le quart/ et quart
um ... Uhr 30	à ... heure(s) trente
Minute(n)/Stunde(n)	minute(s)/heure(s)
Tag(e)/Woche(n)	jour(s)/semaine(s)
Monat(e)/Jahr(e)	mois/an(s)/année(s)

🟨 Wochentage

Montag	lundi
Dienstag	mardi
Mittwoch	mercredi
Donnerstag	jeudi
Freitag	vendredi
Samstag	samedi
Sonntag	dimanche

🟨 Monate

Januar	janvier
Februar	février
März	mars
April	avril
Mai	mai
Juni	juin
Juli	juillet
August	août
September	septembre
Oktober	octobre
November	novembre
Dezember	décembre

🟨 Zahlen

0	zéro	19	dix-neuf
1	un	20	vingt
2	deux	21	vingt-et-un
3	trois	22	vingt-deux
4	quatre	30	trente
5	cinq	40	quarante
6	six	50	cinquante
7	sept	60	soixante
8	huit	70	soixante-dix
9	neuf	80	quatre-vingt
10	dix	90	quatre-vingt-dix
11	onze	100	cent
12	douze	200	deux cents
13	treize	1000	mille
14	quatorze	2000	deux mille
15	quinze	10 000	dix mille
16	seize	1 000 000	un million
17	dix-sept	½	un demi
18	dix-huit	¼	un quart

🟨 Maße

Kilometer	kilomètre
Meter	mètre
Zentimeter	centimètre
Kilogramm	kilogramme
Pfund	livre
Gramm	gramme
Liter	litre

Unterwegs

Nord/Süd/West/Ost	nord/sud/ouest/est
oben/unten	en haut/dessous
geöffnet/geschlossen	ouvert/fermé
geradeaus/links/ rechts/zurück	tout droit/gauche/ droite/ en arrière
nah/weit	proche/loin
Wie weit ist das?	A quelle distance d'ici se trouve-t-il?
Wo sind die Toiletten?	Où sont les toilettes?
Wo ist die (der) nächste ...	Où se trouve ...
Telefonzelle/	la cabine télé- phonique/
Bank/	la banque/
Post/	le bureau de poste/
Polizei/	le poste de police/
Geldautomat?	le distributeur de billets la/le plus proche?
Wo ist ...	Où se trouve ...
der Bahnhof/	la gare/
die U-Bahn/	le métro/
der Flughafen?	l'aéroport?
Wo finde ich ...	Où se trouve ...
eine Bäckerei/	une boulangerie/
ein Fotogeschäft/	un magasin photographiques/
ein Kaufhaus/	un grand magasin/
ein Lebensmittel- geschäft/	une épicerie/
einen Markt?	un marché?

Ist das der Weg/ die Straße nach ...?	Est-ce que c'est le chemin/ la route/ la rue pour ...?
Gibt es einen anderen Weg?	Y a-t-il un autre chemin?
Ich möchte mit dem Zug/Schiff/ Fähre/Flugzeug nach ... fahren.	Je voudrais prendre le train/le bateau/ le ferry-boat/l'avion pour ...
Ist der Preis für Hin- und Rückfahrt?	Est-ce que c'est le prix aller-retour?
Wie lange gilt das Ticket?	Pour combien de temps le ticket sera valide?
Wo ist das Fremden- verkehrsamt/ Reisebüro?	Où se trouve l'office de Tourisme/ l'agence de voyages?
Ich benötige eine Hotelunterkunft.	J'ai besoin d'un hôtel.
Wo kann ich mein Gepäck lassen?	Où puis-je laisser mes bagages?
Ich habe meinen Koffer verloren.	J'ai perdu ma valise.
Ich möchte eine Anzeige erstatten.	Je voudrais déposer une plainte.
Man hat mir ...	On m'a volé ...
Geld/	de l'argent/
meine Tasche /	mon sac/
meine Papiere/	mes papiers/
die Schlüssel/	les clés/
meinen Fotoapparat/	mon appareil photo/
meinen Koffer/	ma valise/
mein Fahrrad gestohlen.	ma bicyclette.

Hinweise zur Aussprache

ai	wie ›ä‹, Bsp.: lait
au	wie ›o‹, Bsp.: auto, gauche
eu	wie ›ö‹, Bsp.: peu, deux
ou	wie ›u‹, Bsp.: rouge
ue	wie ›ü‹, Bsp.: rue, avenue
c	vor ›e‹ und ›i‹ wie ›s‹, Bsp.: ce, cide
c	vor ›a‹ und ›o‹ wie ›k‹, Bsp.: cabinet, compagnie
ch	wie ›sch‹ Bsp.: chips
h	am Wortanfang ist immer stumm, Bsp.: hommage
g	vor ›e‹ und ›i‹ wie ›dsch‹, Bsp.: gentille, gilet
gn	wie ›nj‹, Bsp.: cognac, agneau
p, s, t	sind am Wortende meist stumm, Bsp.: trop, très, mot
-tion	bei dieser Silbe ›t‹ wie ›s‹, Bsp.: nation
q, qu	wie ›k‹, Bsp.: coq, qui
v	wie ›w‹, Bsp.: vie
z	wie ›s‹, Bsp.: zéro

Freizeit

Ich möchte ein ...	Je voudrais louer ...
Fahrrad/	une bicyclette/
Motorrad/	une moto/
Surfbrett/	une planche à voile/
Mountainbike/ Boot/	un v.t.t./un bateau/
Pferd mieten.	un cheval.
Gibt es ein(en)	Y a-t-il ...
Freizeitpark/	un parc d'attractions/
Freibad/	une piscine/
Golfplatz/	un terrain de golf/
Strand in der Nähe?	une plage près d'ici?
Wann hat ... geöffnet?	Quelles sont les horaires d'ouverture ...?

Bank, Post, Telefon

Brauchen Sie meinen Ausweis?	Avez-vous besoin de ma carte d'identité?
Wo soll ich unterschreiben?	Où dois-je signer?

Ich möchte eine Telefonverbindung nach ...	Je voudrais une communication avec ...
Wie lautet die Vorwahl für ...?	Quel est le préfixe pour ...?
Wo gibt es ... Münzen für den Fernsprecher/ Telefonkarten/ Briefmarken?	Où peut-on trouver ... des jetons/ des cartes téléphoniques/ des timbres?

▢ Tankstelle

Wo ist die nächste Tankstelle?	Où est-ce que se trouve la station d'essence la plus proche?
Ich möchte ... Liter ... Super/ Diesel bleifrei/ mit ...Oktan.	Je voudrais ... litres ... de super/ de gasoil sans plomb/ à ...octane.
Volltanken, bitte.	Faites le plein, s'il vous plaît.
Prüfen Sie bitte ...	Vérifiez s'il vous plaît, ...
den Reifendruck/	la pression de gonflage/
den Ölstand/	le niveau d'huile/
den Wasserstand/	le niveau d'eau/
das Wasser für die Scheibenwischanlage/ die Batterie.	l'eau pour le système essuieglaces/ la batterie.
Würden Sie bitte ...	Pourriez-vous s'il vous plaît ...
den Ölwechsel vornehmen/	faire la vidange d'huile/
den Radwechsel vornehmen/	effectuer le changement de roue(s)/
die Sicherung austauschen/	échanger le fusible/
die Zündkerzen erneuern/	échanger les bougies/
die Zündung nachstellen?	régler l'allumage?

▢ Panne

Ich habe eine Panne.	Je suis en panne.
Der Motor startet nicht.	Le moteur ne démarre pas.
Ich habe die Schlüssel im Wagen gelassen.	J'ai laissé les clés dans la voiture.
Ich habe kein Benzin/Diesel.	Je n'ai plus d'essence/de diesel.
Gibt es hier in der Nähe eine Werkstatt?	Est-ce qu'il y a un garage près d'ici?
Können Sie mein Auto abschleppen?	Pourriez-vous remorquer ma voiture?

Können Sie mir einen Abschleppwagen schicken?	Est-ce que vous pouvez m'envoyer une dépanneuse?
Können Sie den Wagen reparieren?	Pouvez-vous réparer la voiture?
Wann wird er fertig sein?	Quand sera-t-elle prête?

▢ Mietwagen

Ich möchte ein Auto mieten.	Je voudrais louer une voiture.
Was kostet die Miete ...	Combien coûte la location ...
pro Tag/	par jour/
pro Woche/	par semaine/
mit unbegrenzter km-Zahl/	avec kilométrage illimité/
mit Kaskoversicherung/	avec assurance tous risques/
mit Kaution?	avec la caution?
Wo kann ich den Wagen zurückgeben?	Où puis-je rendre le véhicule?

▢ Unfall

Hilfe!	Au secours!
Achtung!/Vorsicht!	Attention!
Bitte rufen Sie schnell ...	S'il vous plaît, appelez vite ...
einen Krankenwagen/	une ambulance/
die Polizei/	la police/
die Feuerwehr.	les sapeurs-pompiers.
Es ist (nicht) meine Schuld.	C'est (Ce n'est pas) de ma faute.
Geben Sie mir bitte Ihren Namen und Ihre Adresse.	Veuillez me donner votre nom et adresse, s'il vous plaît.
Ich brauche die Angaben zu Ihrer Autoversicherung.	J'aurais besoin des données de votre assurance automobile.

▢ Krankheit

Können Sie mir einen guten Deutsch sprechenden Arzt/ Zahnarzt empfehlen?	Pourriez-vous me conseiller un bon médecin/ dentiste qui parle allemand?
Wann hat er Sprechstunde?	Quelles sont ses heures de consultation?
Wo ist die nächste Apotheke?	Où est-ce que se trouve la pharmacie la plus proche?
Ich brauche ein Mittel gegen ... Durchfall/ Fieber/	J'aurais besoin d'un médicament contre ... la diarrhée/ la fièvre/

Insektenstiche/ *les piqûres d'insecte/*
Verstopfung/ *la constipation/*
Zahnschmerzen. *le mal de dents.*

■ Hotel

Ich habe bei Ihnen ein *J'ai réservé une*
Zimmer reserviert. *chambre chez vous.*
Haben Sie ein ... *Auriez-vous ...*
Einzel-/ *une chambre*
à un lit/une
Doppelzimmer ... *chambre à deux lits...*
mit Dusche/ *avec douche/*
mit Bad/WC? *avec salle de*
bains/WC?
für eine Nacht/ *pour une nuit/*
für eine Woche? *pour une semaine/*
mit Blick aufs Meer? *avec vue sur la mer?*
Was kostet das *Combien coûte la*
Zimmer ... *chambre ...*
mit Frühstück/ *avec petit-déjeuner/*
mit Halbpension/ *avec demi-pension/*
mit Vollpension? *avec pension*
complète?
Wie lange gibt es *Jusqu'à quelle heure*
Frühstück? *peut-on prendre*
le petit-déjeuner?
Ich möchte um ... *Je voudrais qu'on*
Uhr geweckt werden. *me réveille à ...*
heure(s).
Ich reise heute Abend/ *Je pars ce soir/*
morgen früh ab. *demain matin.*
Haben Sie ein Faxgerät/ *Avez-vous un fax/*
Hotelsafe? *un coffre-fort?*
Haben Sie Internet- *Disposez-vous d'un*
zugang? *accès internet?*

■ Restaurant

Wo gibt es ein *Pourriez-vous m'indi-*
gutes/günstiges *quer un bon restau-*
Restaurant? *rant/un restaurant*
pas trop cher?
Die Speisekarte/ *Je voudrais la carte/*
Getränkekarte, *la carte des boissons,*
bitte. *s'il vous plaît.*
Ich möchte das Tages- *Je voudrais le plat du*
gericht/Menü (zu...) *jour/le menu (à ...).*
Welches Gericht *Quel plat pourriez-*
können Sie beson- *vous recommander*
ders empfehlen? *particulièrement?*
Ich möchte nur eine *Je voudrais manger*
Kleinigkeit essen. *qu'un petit*
quelque chose.
Haben Sie vege- *Avez-vous des*
tarische Gerichte? *plats végétariens?*
Können Sie mir bitte ... *Pourriez-vous*
m'apporter ...

ein Messer/ *un couteau/*
eine Gabel/ *une fourchette/*
einen Löffel *une cuillère,*
bringen? *s'il vous plaît?*
Die Rechnung bitte! *L'addition, s'il vous*
plaît!

■ Essen und Trinken

Apfel *pomme*
Artischocke *artichaut*
Austern *huîtres*
Bier *bière*
Brot/Brötchen *pain/petit pain*
Butter *beurre*
Ei *œuf*
Eiscreme *glace*
Erdbeeren *fraises*
Essig *vinaigre*
Fisch *poisson*
Flasche *bouteille*
Fleisch *viande*
Fruchtsaft *jus de fruits*
Gemüse *légume*
Glas *verre*
Hammelfleisch *mouton*
Himbeeren *framboises*
Hummer *homard*
Joghurt *yaourt*
Kaffee mit Milch *café au lait*
Kaffee, schwarzer *café noir*
Kalbfleisch *veau*
Kartoffeln *pommes de terre*
Käse *fromage*
Krabben, Garnelen *crevettes*
Kuchen *gâteau*
Lammfleisch *agneau*
Leber *foie*
Leberpastete *pâté de foie*
Meeresfrüchte *fruits de mer*
Milch *lait*
Mineralwasser *l'eau minérale*
(mit/ohne *(gazeuse/*
Kohlensäure) *non gazeuse)*
Obst *fruits*
Öl *huile*
Pfeffer *poivre*
Pfirsiche *pêches*
Reis *riz*
Rindfleisch *bœuf*
Salz *sel*
Schinken *jambon*
Schweinefleisch *porc*
Spinat *épinards*
Suppe *soupe*
Wein *vin*
(Weiß/Rot/ *(blanc/rouge/*
Rosé) *rosé)*
Zwiebeln *oignons*

ADAC

Mehr erleben, besser reisen!

Titel	RF	RF plus
Ägypten	■	■
Algarve	■	■
Allgäu	■	■
Alpen – Freizeitparadies	■	
Amsterdam	■	■
Andalusien	■	■
Australien	■	■
Bali & Lombok	■	■
Baltikum	■	■
Barcelona	■	■
Bayerischer Wald	■	■
Berlin	■	■
Bodensee	■	■
Brandenburg	■	■
Brasilien	■	
Bretagne	■	■
Budapest	■	■
Bulgarische Schwarzmeerküste	■	■
Burgund	■	
City Guide Germany	■	
Costa Brava und Costa Daurada	■	
Côte d'Azur	■	■
Dänemark	■	■
Deutschland – Die schönsten Autotouren		■
Deutschland – Die schönsten Orte und Regionen	■	■
Deutschland – Die schönsten Städtetouren	■	
Dominikanische Republik	■	
Dresden	■	■
Dubai, Vereinigte Arab. Emirate, Oman	■	■
Elsass	■	■
Emilia Romagna	■	■
Florenz	■	■
Florida	■	■
Franz. Atlantikküste	■	■
Fuerteventura	■	■
Gardasee	■	■
Golf von Neapel	■	■
Gran Canaria	■	■
Hamburg	■	■
Harz	■	■
Hongkong & Macau	■	
Ibiza & Formentera	■	■
Irland	■	■
Israel	■	■
Istanbul	■	■
Italien – Die schönsten Orte und Regionen	■	
Italienische Adria	■	■
Italienische Riviera	■	■
Jamaika	■	
Kalifornien	■	■
Kanada – Der Osten	■	■
Kanada – Der Westen	■	■
Karibik	■	■
Kenia	■	■
Korfu & Ionische Inseln	■	■
Kreta	■	■
Kroatische Küste – Dalmatien	■	■
Kroatische Küste – Istrien und Kvarner Golf	■	■
Kuba	■	■
Kykladen	■	
Lanzarote	■	■
Leipzig	■	■
Lissabon	■	■
London	■	■
Madeira	■	■
Mallorca	■	■
Malta	■	■
Marokko	■	■
Mauritius & Rodrigues	■	■
Mecklenburg-Vorpommern	■	■
Mexiko	■	
München	■	■
Neuengland	■	■
Neuseeland	■	■
New York	■	■
Niederlande	■	■
Norwegen	■	■
Oberbayern	■	■
Österreich	■	■
Paris	■	■
Peloponnes	■	
Piemont, Lombardei, Valle d'Aosta	■	■
Polen	■	■
Portugal	■	■
Prag	■	■
Provence	■	■
Rhodos	■	■
Rom	■	■
Rügen, Hiddensee, Stralsund	■	■
Salzburg	■	■
St. Petersburg	■	■
Sardinien	■	■
Schleswig-Holstein	■	■
Schottland	■	■
Schwarzwald	■	■
Schweden	■	■
Schweiz	■	■
Sizilien	■	■
Spanien	■	■
Südafrika	■	■
Südengland	■	■
Südtirol	■	■
Sylt	■	■
Teneriffa	■	■
Tessin	■	■
Thailand	■	■
Thüringen	■	■
Toskana	■	■
Trentino	■	■
Tunesien	■	■
Türkei – Südküste	■	■
Türkei – Westküste	■	■
Umbrien	■	
Ungarn	■	■
USA – Südstaaten	■	
USA – Südwest	■	■
Usedom	■	■
Venedig	■	■
Venetien & Friaul		■
Wien	■	■
Zypern	■	■

■ **ADAC Reiseführer**
144 bzw. 192 Seiten

■ **ADAC Reiseführer plus**
(mit Extraplan)
144 bzw. 192 Seiten

Foto: © photocreo – Fotolia.com

Stand: 11/2011

Mehr erleben, besser reisen … mit ADAC Reiseführern!

Register

Impressum

Chefredakteur: Dr. Hans-Joachim Völse
Textchefin: Dr. Dagmar Walden
Chef vom Dienst: Bernhard Scheller
Bildredaktion: Doreen Enders
Aktualisierung: Dr. Claudia Schwaighofer
Klappenkarten: ADAC e.V. Kartografie/KAR
Karten Innenteil: Mohrbach Kreative
Kartographie
Layout: Suse Uhmann
Herstellung: Barbara Thoma
Druck, Bindung: Rasch Druckerei und Verlag
Printed in Germany

Ansprechpartner für den Anzeigenverkauf:
Kommunalverlag GmbH & Co KG,
MediaCenterMünchen, Tel. 089/92 80 96-44

ISBN 978-3-86207-016-9

Neu bearbeitete Auflage 2012
© ADAC Verlag GmbH, München

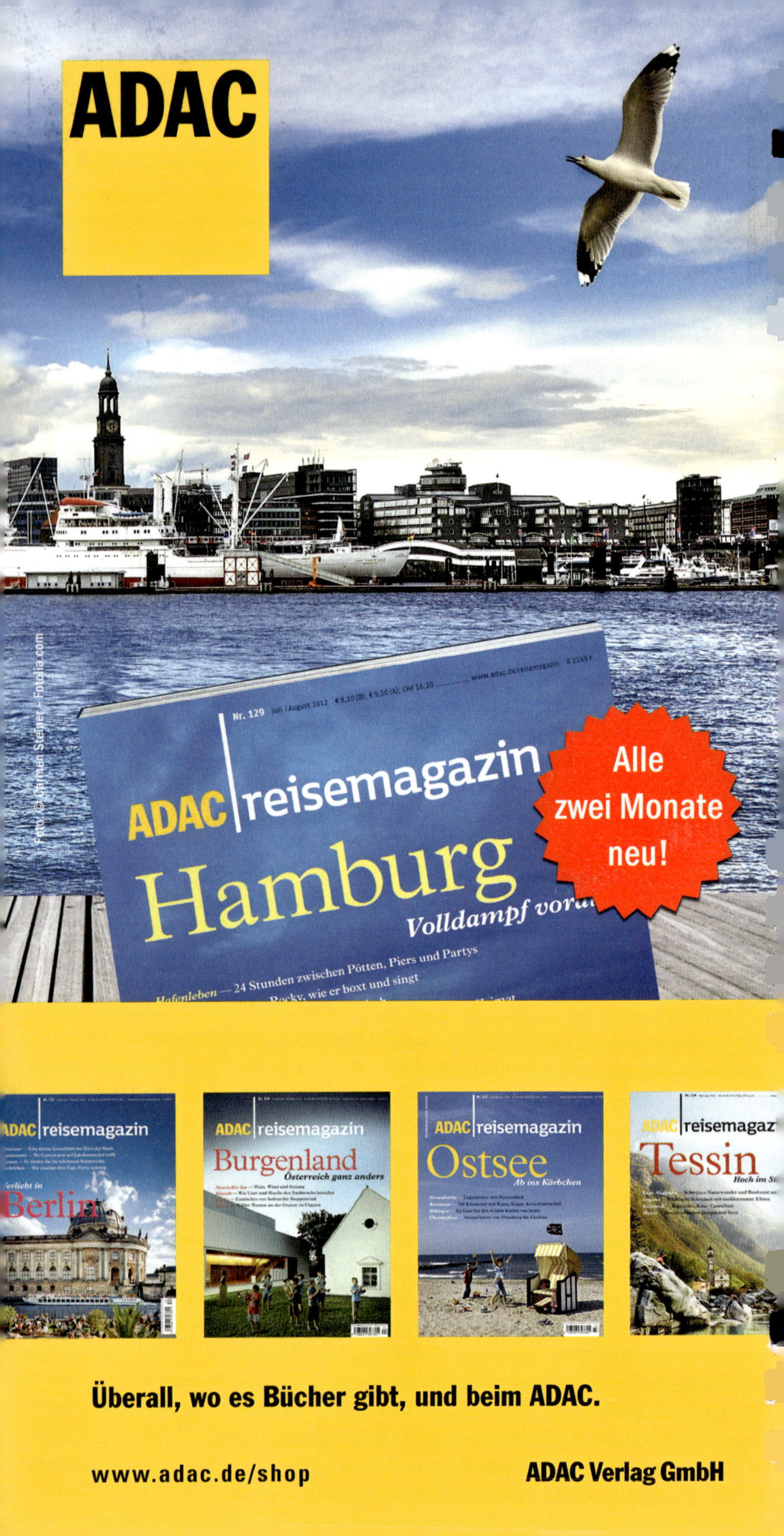
ADAC
Foto: © Carmen Steiger - Fotolia.com
Nr. 129 Juli/August 2012
www.adac.de/reisemagazin
ADAC reisemagazin
Hamburg
Hafenleben — 24 Stunden zwischen Pötten, Piers und Partys
Rocky, wie er boxt und singt
Alle zwei Monate neu!
ADAC reisemagazin
Berlin
ADAC reisemagazin
Burgenland
Österreich ganz anders
ADAC reisemagazin
Ostsee
Ab ins Körbchen
ADAC reisemagaz
Tessin
Überall, wo es Bücher gibt, und beim ADAC.
www.adac.de/shop
ADAC Verlag GmbH

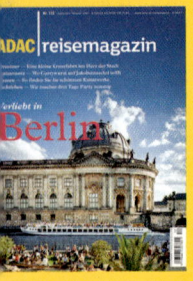

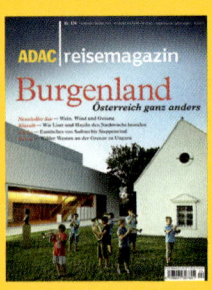

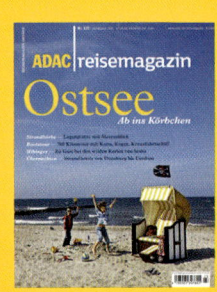

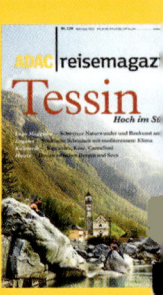